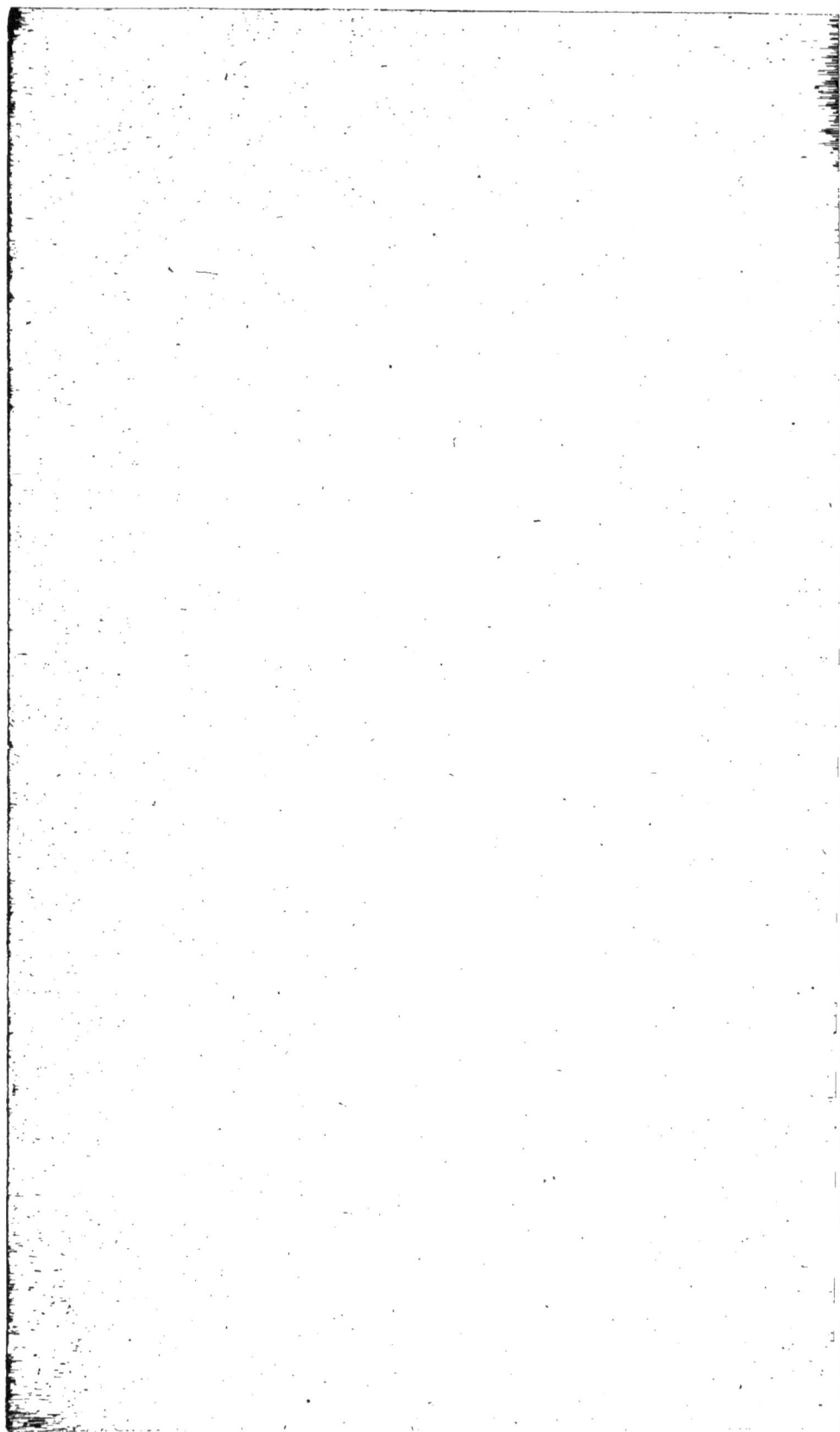

BIBLIOTHÈQUE

RELIGIEUSE, MORALE, LITTÉRAIRE,

POUR L'ENFANCE ET LA JEUNESSE.

PUBLIÉE AVEC APPROBATION

DE M.ᵍʳ L'ARCHEVÊQUE DE BORDEAUX.

———

2ᵉ SÉRIE in-8°.

Propriété des Editeurs.

HISTOIRE

DE

BOSSUET

PAR A. L***

AUTEUR DE PLUSIEURS OUVRAGES POPULAIRES.

LIMOGES,

Eugène ARDANT et C. THIBAUT,

Imprimeurs-Libraires-Éditeurs.

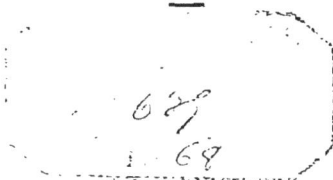

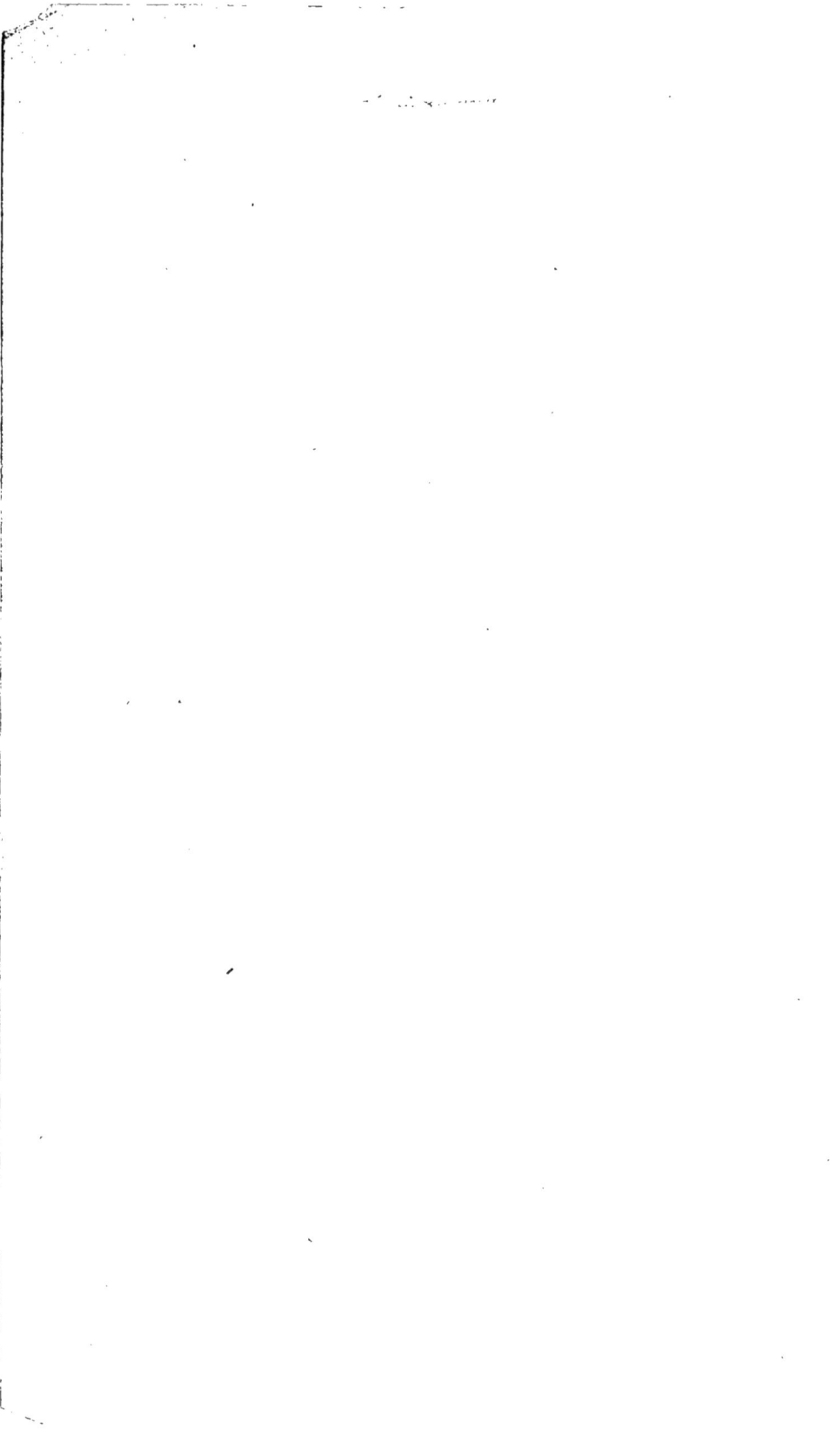

HISTOIRE

DE

BOSSUET.

—◦—⧓—◦—

I. — LA JEUNESSE DE BOSSUET.

On croit ordinairement avoir tout dit sur Bossuet quand
on l'a appelé le prince de l'éloquence chrétienne, l'aigle de
Meaux, le Démosthènes français, le dernier des Pères de
l'Eglise. Tous rendent hommage à son génie, mais bien peu
songent à étudier sa vie et ses œuvres, comme si le vulgaire
n'avait aucun avantage à en retirer. Son histoire se confond
pourtant avec celle de son siècle; elle est liée à tous les
événements et à toutes les illustrations du règne de Louis XIV;
on y admire les qualités modestes de son caractère, la simplicité de ses habitudes au milieu des honneurs, la tendresse
de son âme envers les brebis égarées, son cordial dévouement
à la cause de la religion, son éloquence sublime, toujours prête
à foudroyer l'hérésie, à proclamer le néant des grandeurs
terrestres, à montrer la main de la Providence gouvernant
toutes choses. De loin, on l'admirait; de près, on l'aime!

Le 27 septembre 1627, naquit à Dijon le septième enfant
de Bénigne Bossuet et de Madeleine Mochette. Baptisé le len-
demain, il reçut les prénoms de Jacques-Bénigne. Son aïeul,

vrai patriarche des temps primitifs, inscrivit, en souvenir de cette circonstance, ces paroles sur l'album de la famille : « Le Seigneur l'a entouré de sa protection, l'a instruit de sa loi et l'a gardé comme la prunelle de son œil, » ne se doutant point que sa prédiction serait un jour complètement réalisée.

La famille de Bossuet s'était depuis longtemps distinguée au parlement de Dijon et à celui de Metz, où son père fut bientôt nommé doyen des conseillers par son oncle Antoine de Bretaigne, premier président de cette compagnie. A l'âge de dix ans, Jacques-Bénigne fut laissé entre les mains de Claude Bossuet, homme de mérite et capable de servir de père et de guide à son neveu. Il lui dut son amour de l'étude et peut-être tout son avenir, car, incliné par son exemple et ses leçons vers les idées sérieuses, le culte de la science et la passion des livres, il préféra bientôt passer le temps de la création dans la bibliothèque plutôt que de le consacrer aux jeux et aux plaisirs enfantins. Conduit chaque jour au collége des Jésuites, il acheva, avec succès, son cours d'humanités, sous la direction de ces habiles maîtres de l'enseignement classique. La tâche imposée à ses condisciples ne lui suffisant pas, il choisissait avec intelligence et goût les meilleurs passages d'Homère et de Virgile, les confiait à son excellente mémoire et les déclamait, dans l'occasion, à son oncle effrayé d'un talent si précoce.

De Metz, son père venait chaque année à Dijon passer quelques jours auprès de son cher enfant et juger par lui-même de ses progrès. Il avait peine à en croire ses propres yeux et les récits flatteurs de tous ses proches, lorsqu'une heureuse coïncidence ne lui laissa plus de doutes à cet égard. Jacques rencontra par hasard une Bible latine, la parcourut avec un fiévreux enthousiasme, s'enferma pour la lire à son aise, et la préféra dès-lors aux ouvrages profanes les plus vantés. Jusqu'à la fin de sa vie, il l'étudia chaque jour, sans jamais s'en séparer ; il l'avait toujours sur sa table et la portait avec lui dans ses moindres voyages. La Bible, voilà la source où s'étanchera sa soif, où il puisera largement, la mine dont il exploitera le moindre filon, le trésor où il enrichira son esprit et son cœur ! Il avait compris qu'il faut lire *beaucoup*, mais *peu de livres*, si l'on veut devenir un homme supérieur. Un ancien avait déjà dit qu'il craignait un lecteur attaché à un seul ouvrage : *Timeo hominem unius libri.*

Les Jésuites essayèrent vainement de gagner à leur ordre un jeune homme remarquable à tant de titres, et qui donnait de si belles espérances : Bossuet préféra suivre le conseil de son père et terminer ses études à Paris, rendez-vous de tous les personnages célèbres. Le jour de son arrivée, en 1642, il put contempler un spectacle extraordinaire : l'entrée triomphale de Richelieu, le puissant ministre vainqueur de tous ses ennemis, porté dans une grande litière carrée par dix-huit gardes marchant nu-tête, et devant qui on abattait les portes et les murailles des cités ou des maisons pour ouvrir un accès facile au pompeux cortége. Bossuet fut frappé de l'énergie du cardinal, qui, faible et mourant, insensible à son triomphe, ne songeait qu'à dicter ses derniers ordres à un secrétaire assis au pied de son lit, où la mort vint bientôt le saisir. Le grave étudiant trouva là une ample matière à ses considérations philosophiques, et plus tard il sut mettre à profit ce *magnifique témoignage de notre néant.*

Ses titres de tonsuré et de chanoine de la cathédrale de Metz, malgré ses quinze ans, lui valurent, au collége de Navarre, l'intérêt et l'affection du grand-maître Nicolas Cornet, docteur célèbre par sa piété, sa modestie et son savoir. Ces deux âmes semblaient faites pour se comprendre ; le disciple se montra soumis, aimant, laborieux, et le digne mentor mit toute sa félicité à embellir cette nature d'élite, à lui aplanir les voies de l'étude, à lui montrer les écueils, le phare et le port. Bossuet se mit tout d'abord à une distance immense au-dessus de ses condisciples, il désespéra ses concurrents par ses succès, tout en gagnant leur estime par son application constante, son obéissance aux moindres prescriptions de discipline, par sa bonne humeur et sa franchise.

Outre une connaissance profonde de la langue grecque, il acquit bientôt une grande habitude des chefs-d'œuvre oratoires, historiques et poétiques de Rome et d'Athènes. Il ne faisait cas de la science qu'autant qu'elle lui semblait propre à la défense de la religion et utile au salut des âmes; c'est pourquoi il négligea les mathématiques, dont le ministère sacerdotal n'a nul besoin, et se contenta d'honorer ceux qui les professaient. Il vaut mieux approfondir, en effet, les sciences de son état que d'acquérir sur tous les sujets des notions nécessairement superficielles : qui trop embrasse, mal étreint!

Chargé par les professeurs du collége de Navarre de soutenir sa première thèse de philosophie, en 1643, il la dédia à monseigneur Cospéan, évêque de Lisieux, fort honoré par Louis XIII et la reine Anne d'Autriche. L'assemblée devant qui Bossuet développa ses arguments était brillante et nombreuse; d'une voix unanime, elle proclama la supériorité de son travail et lui décerna les éloges les plus délicats. M. Cospéan surtout se constitua alors son dévoué protecteur et ne contribua pas peu à sa réputation. Madame du Plessis, femme du secrétaire d'Etat, dont le salon était ouvert à la plus docte société de l'époque, le présenta à ses amis. Le marquis de Feuquières en parla à la *précieuse* madame de Rambouillet, l'Egérie des gens de lettres, et lui assura que le jeune ecclésiastique était capable d'improviser un discours sur n'importe quelle question. Le défi fut accepté de part et d'autre. On alla chercher sur-le-champ Bossuet, qui arriva à sept heures du soir à l'hôtel Rambouillet, où on l'enferma seul dans une chambre, sans livres ni plume, livré pendant quelques instants à ses réflexions. A onze heures, les beaux esprits de la cour, légèrement disposés à la raillerie, couvrirent d'applaudissements la voix du jeune orateur, qui avait surpassé leur attente. Voiture, qui ne manquait pas l'occasion de placer un bon mot, s'écria : « Je n'ai jamais entendu prêcher ni si tôt ni si tard. »

La même épreuve fut subie par Bossuet en présence d

plusieurs prélats, dont il accueillit avec bonheur les conseils sur l'éloquence de la chaire et la nécessité de s'y préparer par de solides études. M. Cospéan lui promit de lui faire dire ce même sermon devant la reine, stimula son ardente envie de se consacrer au service des autels, et dit à son entourage : « Ce jeune homme sera une des plus grandes lumières de l'Église. »

Affilié par le docteur Cornet à la maison de Navarre, Bossuet voulut se rendre digne de cet honneur en obtenant le grade de bachelier en théologie. A cet effet, il soutint une thèse de la façon la plus brillante et la dédia au grand Condé, le vainqueur de Rocroi, de Fribourg et de Nordlingen, aussi instruit qu'habile capitaine, qui assista en personne à la séance avec les principaux chefs de l'armée. Bossuet lui adressa une harangue où il le remercia, au nom de toute la France, de ses hauts faits, en lui rappelant que les lauriers sont périssables et que la gloire acquise par les vertus durera éternellement. Le prince fut sensible à ses éloges, et quand il l'entendit développer sa thèse, il fut tenté d'attaquer un répondant si habile et de lui disputer la palme de la théologie. Grande époque que celle où un général, dont le génie embrassait tout, pouvait vaincre sur le champ de bataille et dans une discussion philosophique, par l'épée et par l'éloquence !

Bossuet passa deux années à Metz, uniquement occupé de ses fonctions de chanoine de la cathédrale, de la lecture suivie des saints Pères et de sa préparation aux saints ordres. La ville fut très édifiée de l'austérité de ses mœurs, de la réserve de son maintien, de son amour de la prière, et désira le voir revêtu du sacerdoce. Il eut cette inestimable joie dans le carême de 1652 ; il s'y prépara avec soin en faisant une retraite à Saint-Lazare, maison dirigée par saint Vincent de Paul, le grand apôtre de la charité, avec qui il se plaisait à converser et à s'instruire de tous les secrets de la vie intérieure. La même année, il reçut le bonnet de docteur et s'engagea pour toujours au service de la vérité. « J'irai, dit-il, plein de la plus vive joie, à ces saints autels témoins de la foi doctorale si souvent jurée par nos saints prédécesseurs.

Là vous m'imposerez ce noble et sacré serment, qui dévouera ma tête à la mort pour le Christ, et toute ma vie à la vérité. O serment non plus d'un docteur, mais d'un martyr, si pourtant il n'appartient d'autant plus à un docteur qu'il convient plus à un martyr? Qu'est-ce en effet qu'un docteur, sinon un intrépide témoin de la vérité? Ainsi, ô vérité suprême, conçue dans le sein paternel de Dieu, et descendue sur la terre pour vous donner à nous dans les saintes Ecritures, nous nous enchaînons à vous tout entier, nous vous consacrons tout ce qui respire en nous. Et comment vous refuserions-nous, nos sueurs, nous qui venons de jurer de vous prodiguer notre sang? »

Bossuet avait achevé avec éclat ses études théologiques; son nom était sur les lèvres, dans les universités et à la cour; le chemin de la fortune et des dignités lui était ouvert par l'intermédiaire de plusieurs puissants seigneurs; on lui offrait le poste de grand-maître du collège de Navarre; le monde se disputait le plaisir de l'entendre et rendait hommage à ses qualités extérieures autant qu'aux charmes de son esprit. S'il eût été ambitieux, il aurait accepté les avances de ses admirateurs, au lieu de les refuser; malgré sa jeunesse, il n'avait point d'illusions à l'égard des honneurs et des plaisirs, il avait goûté les douceurs de l'abnégation et de l'humilité, près de saint Vincent de Paul, dont il devait favoriser la béatification. « Plein de reconnaissance pour la mémoire de ce pieux personnage, écrivait-il longtemps après au pape, nous croyons devoir déposer dans votre sein paternel le juste témoignage que nous lui rendons. Nous déclarons que nous l'avons connu très particulièrement dès notre jeunesse; qu'il nous a inspiré, par ses discours et par ses conseils, les sentiments de la piété chrétienne dans toute leur pureté, et le véritable esprit de la dignité ecclésiastique; aujourd'hui nous nous rappelons encore dans notre vieillesse, avec un singulier plaisir, ses excellentes leçons. Combien de fois n'avons-nous pas eu le bonheur de jouir dans le Seigneur de sa société et de ses entretiens! Avec quelle édification n'avons-nous pas contemplé à loisir sés vertus, son admirable charité, la gravité de ses mœurs, sa prudence extraordinaire jointe à la plus parfaite simplicité, son application aux affaires ecclésiastiques, son zèle pour le salut des âmes, sa constance et son courage invincible pour s'opposer à tous les abus et à tous les relâchements. » De si beaux exemples influèrent sans doute sur sa résolution de n'accepter aucun emploi important, et de se retirer au chapitre de Metz.

Pendant six années, il se montra le modèle des chanoines, assistant à tous les offices et aux plus simples réunions avec esprit de foi, ne laissant point à des chantres gagés le soin de louer Dieu, partageant tout son temps entre l'église et le cabinet. Le Nouveau Testament, cette source de toute piété et de toute doctrine, ne sortait pas de ses mains et il couvrait de commentaires les marges du volume. Il étudiait, la nuit et le jour saint Chrysostôme, le plus grand prédicateur de l'Eglise, selon son expression ; Origène, remarquable par la noblesse de son style et la candeur de ses sentiments ; saint Athanase et saint Grégoire de Nazianze, si versés dans la connaissance des mystères ; Tertullien, le dur Africain ; saint Bernard, plein d'onction ; et surtout son orateur favori, saint Augustin, dont il disait avoir appris les principes de la religion, et dont il transcrivit tant d passages, qu'il l'*avait mis tout entier en morceaux*. Les pensées et le style de ce saint évêque d'Hippone lui devinrent familiers au point qu'il put combler une lacune de huit lignes dans l'édition des Bénédictins. Il le consultait avant de monter en chaire, dans les questions de controverse, et y trouvait la solution de toutes ses difficultés. Le panégyrique de saint Augustin, qu'il prêcha dans l'église des chanoinesses de Meaux, est un monument durable de son affection pour son maître ; il montra ce que la grâce a fait pour Augustin et ce qu'Augustin fit pour la grâce, division suivie depuis par beaucoup d'orateurs.

Le maréchal et la maréchale de Schomberg, dévoués à Bossuet, lui adressèrent les nombreux protestants de **Metz**, désireux de s'instruire et de connaître la vraie religion. Il accueillit cette œuvre de zèle avec plaisir, se prêta volontiers à toutes les discussions des protestants ravis de sa douceur et de sa complaisance, et en ramena un grand nombre au bercail. Il se lia même d'amitié avec Paul Ferry, principal ministre des protestants, homme aimable, instruit, de mœurs pures, et obligeant. Leurs relations étaient fréquentes et intimes, car tous deux s'estimaient à leur juste valeur, lorsque le ministre s'avisa de publier un catéchisme, où il prétendait prouver : 1° que la réforme avait été nécessaire, et 2° que si on avait pu se sauver dans l'Eglise romaine avant la réforme, on ne le pouvait plus depuis son établissement. Bossuet, alarmé de ce fait et de l'attaque adressée à la vérité catholique, s'empressa de réfuter l'erreur. Il lui en coûtait sans doute de combattre son ami, mais l'amitié s'efface devant le devoir : *Amicus Plato, sed magis amica veritas*. La *Réfutation du catéchisme de Paul Ferry*, écrite avec modération et une logique charitable, prouva : 1° que la réforme, comme elle a été entreprise, a été pernicieuse, et 2° que si on pouvait se sauver dans l'Eglise romaine avant la réforme, on le peut encore aujourd'hui. Chose admirable ! Bossuet, pour établir ces deux propositions, n'employa que les aveux échappés au ministre. Son succès terrifia les protestants, qui reprochèrent à Ferry son imprudence et le blâmèrent hautement de ses rapports assidus avec le savant chanoine. Le ministre affectionna encore plus sincèrement Bossuet, il entreprit de nouvelles discussions avec lui, et se prépara même à abjurer l'erreur entre ses mains ; malheureusement la mort ne lui laissa pas le temps d'accomplir son dessein.

De concert avec l'évêque, Bossuet, controversiste distingué à vingt-sept ans, établit à Metz une association de femmes chargées d'instruire les jeunes filles disposées à embrasser la religion catholique, et produisit beaucoup de bien. En 1657, la reine-mère, Anne d'Autriche, informée de l'influence de Bossuet sur les protestants et désireuse de faciliter de nouvelles conversions, chargea saint Vincent de Paul d'envoyer ses meilleurs missionnaires à Metz, pour seconder Bossuet, qu'elle nomma le chef de la mission. Vingt prêtres lui furent adressés; il les reçut dans sa maison en 1658, arrêta le plan des travaux apostoliques, leur indiqua les chances de réussite, se démit en leur faveur de la chaire de la cathédrale et ne se réserva que les fonctions plus modestes. Deux fois par semaine il faisait le catéchisme dans l'église de la citadelle, située hors de la ville, et donnait des instructions particulières à tous les protestants qui en sollicitaient. Afin de conserver les fruits abondants de la mission, il institua des conférences ecclésiastiques, sur le modèle de celles fondées par saint Vincent de Paul, à Saint-Lazare, où se réunissaient de saints évêques et d'habiles théologiens.

Dans ses rapports avec les protestants, il avait remarqué que leur éloignement pour l'Eglise romaine provenait de l'ignorance de sa constitution et de sa doctrine, présentées par la calomnie des ministres comme superstitieuses, ridicules et grossières. Pour remédier à cet inconvénient, il s'agissait de démasquer la ruse et l'imposture des ennemis, en exposant la doctrine catholique dans toute sa simplicité, et en expliquant les points de controverse. Bossuet composa, à cet effet, l'*Exposition de la Doctrine catholique*, ouvrage propre à faire aimer cette doctrine, à la montrer facile à croire et à pratiquer, capable de convaincre tous les hommes de bonne foi et de ramener toutes les sectes de Luther et de Calvin. Avec sa douceur habituelle, il confondait les systèmes sans blesser personne, et forçait les hérétiques à s'avouer vaincus; jamais il n'oublia la grande règle de toute discussion religieuse : l'unité, dans ce qui est nécessaire; la liberté, dans ce qui est douteux, la charité dans tous les cas.

Les deux premières conquêtes dues à ce livre furent le marquis de Dangeau et son frère l'abbé de Dangeau, qui a raconté tous les détails de cette double conversion, dans ses *Dialogues*. La plus importante fut celle du maréchal de Turenne, cet *homme qui faisait honneur à l'homme*, lié avec les plus recommandables protestants, chéri du roi et craint de tous les ennemis de la France, cité partout comme un prodige de valeur, de probité et de droiture. Depuis longtemps il hésitait à abjurer le calvinisme, dont les côtés faibles n'échappaient point à sa raison ; mais quelques doutes l'inquiétaient encore, lorsqu'il en trouva une complète solution dans la lecture de l'ouvrage de Bossuet, dont il se fit l'humble disciple. Le premier capitaine de l'Europe renonça solennellement à l'hérésie et se montra toujours le fidèle observateur des lois de l'Eglise catholique, dans le sein de laquelle il mourut en héros chrétien.

Le premier, il supplia Bossuet de donner au public le livre de l'*Exposition*, dont l'influence contribuerait certainement à la conversion de ses anciens coreligionnaires. Bossuet ne se laissa pas toucher par ses instances, et ne consentit que trois ans après à livrer à l'impression son ouvrage, approuvé par l'archevêque de Reims et dix évêques, et recommandé par le cardinal Bona, la gloire du sacré-collége. Jamais, dans les annales de la librairie religieuse, on ne constata pareil succès ; deux éditions s'écoulèrent en un mois, tandis que des traductions en toutes les langues se répandaient dans toute l'Europe. Partout, les prélats admirent l'*Exposition* comme le plus fidèle résumé de l'enseignement catholique, et en demandèrent une traduction latine qui fut faite, sous les yeux de l'auteur, par son ami l'abbé Fleury.

Les ministres protestants, irrités du discrédit jeté sur leurs erreurs par cet ouvrage, cherchèrent non pas à le réfuter, ce qui était impossible, mais à le discréditer en le traitant comme l'œuvre d'un simple particulier qui avait mal compris l'enseignement romain et qui ne méritait par conséquent nulle croyance. Du reste, ajoutaient-ils, les approbations de quelques évêques n'étaient pas une preuve de son orthodoxie, tant que l'oracle de l'*Eglise de Rome n'aurait pas parlé*. Bossuet ne demandait pas mieux que d'obtenir l'approbation formelle du souverain pontife ; en conséquence il fit présenter, par l'abbé de Saint-Luc, un exemplaire du traité de l'*Exposition* à Innocent XI, qui lui en témoigna sa satisfaction par un bref conçu dans les termes les plus flatteurs. Une nouvelle édition parut bientôt, précédée de ce bref, de toutes les autres approbations, et d'un avertissement regardé comme un chef-d'œuvre de dialectique et de raisonnement. Bossuet fut moins sensible à toutes les félicitations venues de toutes parts, qu'à la joie de voir, chaque jour, un grand nombre de protestants accourir au pied des saints autels et jurer, entre ses mains, fidélité à l'Eglise romaine.

Sa renommée d'écrivain était conquise; ses amis le pressaient de justifier l'opinion que la cour avait conçue de son éloquence et de prêcher enfin à Paris. Mais se souvenant des avis du sage M. de Cospéan, il ne voulait pas se prodiguer avant d'avoir fait ample provision de recherches et de connaissances doctrinales. Il laissait son talent se développer dans les chaires de la province, dans l'étude et la retraite; par la pratique de toutes les vertus, il formait en lui le véritable orateur, l'homme de bien habile à manier la parole. S'il est vrai que l'éloquence n'est que l'âme mise au-dehors, on peut juger des qualités de son âme par les richesses de ses discours, et l'on comprend la haute idée qu'il se faisait de la prédication. Armé de pied en cap, comme les pieux chevaliers, après avoir passé dans la prière la *veille d'armes*, il pouvait hardiment entrer dans la milice sainte. Nous le suivrons à Paris, pour assister à ses débuts, qui marquèrent, pour ainsi dire, la *renaissance* de l'art oratoire dans notre pays.

II. — BOSSUET ÉVÊQUE DE CONDOM.

C'est dans l'église des Minimes de la place Royale que Bossuet se vit entouré d'une foule d'auditeurs suspendus à ses lèvres, pendant le carême de 1659. Il semblait avoir enfin trouvé le milieu où son génie pouvait prendre tout essor, et les princes s'étonnaient de la sublimité de ses pensées, de l'élégance de sa diction, croyant entendre pour la première fois des vérités que d'autres prédicateurs leur avaient souvent annoncées, mais avec moins d'éclat. A la prière d'Anne d'Autriche, il fit, dans l'église des Feuillants, le panégyrique de saint Joseph, en présence de toute la cour avide de l'entendre. Il prit pour texte cette parole de saint Paul à son disciple : *Depositum custodi*, gardez le dépôt, et excita un murmure général d'approbation par cette allusion au jeune roi, que la reine-mère avait protégé, comme le dépôt de toute la France confié à sa tendresse, contre les troubles et les factions. Anne d'Autriche voulut entendre le même discours, une seconde fois, et le poète Santeuil y puisa les plus belles pensées de son hymne à saint Joseph.

Le carême de 1661, prêché aux Carmélites, attira dans leur chapelle les docteurs de Port-Royal, les hommes les plus instruits de la capitale, qui témoignaient hautement leur admiration, et se réunissaient, après chaque sermon, pour se faire part de leurs remarques. Anne d'Autriche et la jeune reine annoncèrent au roi leur admiration pour l'orateur et saisirent toutes les occasions de l'entendre. Dans le panégyrique de saint Paul, Bossuet se surpassa lui-même lorsqu'il prouva la divinité de la mission donnée par Dieu au converti de Damas qui se glorifiait de ne savoir que Jésus crucifié et n'avait aucun titre à l'estime des philosophes : « Il prêchera Jésus dans Athènes, et le plus savant de ses sénateurs passera de l'aréopage dans l'école de ce barbare. Il poussera plus loin ses conquêtes. Il abattra aux pieds de Jésus-Christ la majesté des faisceaux romains, et fera trembler dans leurs tribunaux les juges devant lesquels on l'a cité. C'est que Paul a des moyens pour persuader que la Grèce n'enseigne pas, et que Rome n'a pas appris. Une puissance surnaturelle, qui se plaît à relever ce que les superbes méprisent, s'est répandue et mêlée dans l'auguste simplicité de ses paroles... De même qu'on voit un grand fleuve qui retient encore, courant dans la plaine, cette force violente et impétueuse qu'il avait acquise aux montagnes d'où il tire son origine, ainsi cette

vertu céleste qui est contenue dans les écrits de saint Paul,
même dans cette simplicité de style, conserve toute la vigueur
qu'elle apporta du ciel d'où elle descend. » Jamais la chaire
chrétienne n'avait entendu de si beaux accents.

Bossuet, cédant aux instances de ses compatriotes, prêchait
un jour, à Dijon, sur le mépris de l'honneur du monde, lorsque le grand Condé entra subitement dans l'église. L'orateur,
au lieu de se sentir mal à l'aise, en un tel sujet, devant le
prince, se tourna vers lui, en s'écriant : « Je ne serais pas sans
appréhension de condamner devant Votre Altesse la gloire
dont je la vois environnée, si je ne savais qu'autant qu'elle
sait la mériter, autant elle a de mérite pour en reconnaître
le faible. Je reconnais en elle le grand prince, le grand génie,
le grand capitaine ; mais toutes ces grandeurs qui ont tant
d'éclat devant les hommes, doivent être anéanties devant
Dieu... Nonobstant la surprise de sa présence imprévue, les
paroles ne me manqueraient pas sur un sujet si auguste ;
mais en me souvenant au nom de qui je parle, j'aime mieux
abattre aux pieds de Jésus-Christ les grandeurs du monde que
de les admirer plus longtemps en une autre personne. » Il
était difficile de décerner à la fois un éloge plus spirituel et
de donner une leçon plus chrétienne.

Louis XIV, capable d'apprécier tous les genres de mérite,
après avoir entendu Bossuet, dans la chapelle du Louvre,
pendant l'avent de 1661, lui marqua son enthousiasme en
faisant écrire à son père pour le féliciter d'avoir un tel fils.
De plus, il lui imposa d'avance la prédication de plusieurs
carêmes et avents dans la chapelle royale, où le père de
Bossuet avait la faculté d'assister aux sermons de son fils :
« Voilà un père qui doit être bien heureux ! » dit le roi à
ses courtisans.

La modestie du grand orateur rehaussait l'autorité de sa
parole ; loin de rechercher les éloges, il s'étudiait à les fuir,
se retirant dans la solitude après chaque station, et en ren-
voyait toute la gloire à Dieu. Même dans sa vieillesse, il
n'aimait pas à entendre parler de ses succès. Au rapport d'un

contemporain, tout parlait en lui avant même qu'il com-
mençât à parler : la gravité de son visage, la douceur de son
regard, l'émotion de sa voix et la noblesse de ses gestes. Sa
préparation consistait à réunir d'avance quelques documents,
des textes de la Bible, des passages des saints Pères; avant
de monter en chaire il méditait sérieusement son sujet, prévoyant les principales divisions et subdivisions, et se fiait,
pour les détails de la forme, à sa grande facilité d'impro-
visation. Nous sommes loin de posséder tous les discours
qu'il prononça, et ceux qui nous sont parvenus peuvent à
peine passer pour tels. Ce que les éditeurs ont publié n'est
point le texte même de ses sermons; c'est un recueil des ébau-
ches qu'il jetait négligemment sur le papier; on y reconnaît
toutefois ses pensées, ses mouvements oratoires et le cachet
de son génie. Les chrétiens et les critiques ignoraient cette
circonstance quand ils se permettaient de blâmer quelques
incorrections et quelques défauts, dans des écrits que l'auteur
n'a pas même revus. Malgré leurs ridicules sévérités, les sermons de Bossuet resteront comme un des plus beaux monu-
ments de notre langue, et seront toujours, de l'aveu du cardinal Maury, la véritable rhétorique des prédicateurs.

Pendant les dix années qu'il consacra au ministère apostolique, de 1660 à 1669, Bossuet fixa sa demeure dans la
maison du doyen de la collégiale de Saint-Thomas, l'abbé de
Lameth, avec qui il s'était lié d'une étroite amitié pendant
leur cours de théologie au collège de Navarre. Leurs goûts et
leur caractère identiques favorisaient cette union et cette vie
commune. Bossuet se renferma dans la retraite studieuse et
dans l'éloignement du monde; il acquit une parfaite connaissance des hommes en étudiant son propre cœur. Uniquement
préoccupé du salut des âmes et du bien de l'Eglise, sans
arrière-pensée d'ambition ni d'avenir, il croyait n'avoir
jamais assez de science pour annoncer dignement la parole
divine. Un petit nombre d'ecclésiastiques instruits et pieux,
animés des mêmes intentions, étaient seuls admis dans son
petit cénacle; et tous s'excitaient mutuellement au travail et
aux plus humbles vertus.

Bossuet goûta les plus douces consolations dans ses stations de l'église des Carmélites de Paris, où Turenne venait habituellement l'écouter et se recueillir dans de saintes méditations. Après y avoir prêché les prises d'habit de mademoiselle de Bouillon et de la comtesse de Rochefort, il donna le voile à mademoiselle de Péray, protestante convertie par ses discussions. Dans ce pieux asile, les princesses de Longueville et de Conti allaient se former aux pratiques de la pénitence et du repentir ; elles prièrent Bossuet de faire, pour elles et les religieuses, des conférences sur les épitres et les offices de l'Eglise. Un ecclésiastique de ses amis l'ayant entendu parler à cet auditoire, crut voir saint Jérôme interprétant les livres sacrés aux vierges et aux veuves chrétiennes.

M. Bedacier, évêque d'Auguste, sentant sa fin approcher, donna une dernière marque d'affection à Bossuet, en lui demandant de l'assister à ses derniers moments et de le préparer au terrible passage du temps à l'éternité. Bossuet eut le courage de surmonter sa douleur, et, à travers ses larmes, de recueillir le dernier soupir de son ami. Le prélat lui fit don de son prieuré de Gassicourt ; mais comme plusieurs compétiteurs prétendirent y avoir droit, Bossuet préféra y renoncer, plutôt que d'avoir recours à la justice séculière ; l'abbé Letellier, admirant cette générosité, lui fit accorder ce bénéfice, qu'il conserva toute sa vie comme un souvenir d'amitié. Il donna, à cette époque, une autre preuve de désintéressement. Le chapitre de Metz, surpris de l'obstination de Bossuet à fuir les emplois d'importance, voulut du moins lui offrir son doyenné. Bossuet songeait à l'accepter, lorsqu'un des plus anciens chanoines lui écrivit : « Vous êtes jeune, je suis vieux, faites-moi nommer doyen, et je vous promets de ne garder la place que deux ans. » Il souscrivit de bon cœur à cette condition, et le bon abbé Royer mourut de fait deux ans après, lui laissant le doyenné en héritage.

Bossuet a été le créateur des oraisons funèbres, et pourtant de tous les genres d'éloquence, c'était celui qu'il aimait le moins. Il jugeait ce travail naturellement peu utile, quoiqu'il cherchât toujours à la tourner vers l'instruction et l'édification publiques. Selon lui, c'était le plus grand témoignage de respect, d'amitié et de reconnaissance qu'il eût pu donner aux personnes qui lui avaient demandé de vaincre sa répugnance pour ce genre de travail. Son premier essai, l'oraison funèbre du père Bourgoing, troisième supérieur général de la congrégation de l'Oratoire, fondée en France par le cardinal de Bérulle, et en Italie par saint Philippe de Néri, annonça ce qu'il serait un jour. Le second fut un devoir de reconnaissance envers son premier maître, le docteur Cornet, dont il loua dignement l'équité, la science et la modestie.

L'archevêque de Paris, Hardouin de Péréfixe, présent à cette cérémonie, conçut une telle opinion de l'orateur, que dès ce moment il lui accorda toute son amitié et toute sa confiance. Il le chargea de la difficile mission d'arracher les religieuses de Port-Royal aux erreurs de Jansénius, et de leur faire signer le formulaire qu'il n'avait pu lui-même leur imposer par la douceur. Bossuet ne se dissimula pas combien il importait de prouver aux religieuses que leurs directeurs « ces hommes bien plus à plaindre que je ne pus l'exprimer, d'en être réduits à ce point, qu'ils semblent mettre toute leur défense à décrier hautement, et de vive voix, et par écrit, tout le gouvernement présent de l'Eglise, » les induisaient dans la voie de l'hérésie. C'est pourquoi il commença à entrer en négociations avec elles, et à résoudre en détail tous leurs prétendus scrupules ; puis, il leur adressa une longue lettre renfermant la réfutation complète du jansénisme. Les religieuses entrevirent certainement la vérité dans cet exposé clair et net de la doctrine de l'Eglise sur les questions dont il s'agissait ; mais l'aveugle confiance qu'elles avaient en leurs pasteurs de Port-Royal l'emporta sur toute autre considération, et elles tombèrent avec eux dans l'abîme où il n'y a pas de salut à espérer !

M. de Péréfixe reconnut les qualités de Bossuet en cette rencontre, et, malgré son insuccès en face de l'obstination de quelques pauvres femmes, il l'employa dans toutes les affaires importantes de son diocèse. Il le chargea de prononcer le discours d'ouverture du synode de 1665, et aucun des prêtres de Paris ne s'offensa de cette préférence donnée à un ecclésiastique étranger au diocèse, parce que tous le regardaient comme digne d'occuper les premiers emplois dans l'Eglise. Le prélat ne pouvait se séparer de lui, ni à la ville ni à la campagne ; pour le fixer près de sa résidence, il lui offrit les deux cures les plus importantes de Paris, celle de Saint-Eustache et celle de Saint-Sulpice. Bossuet refusa respectueusement toutes les propositions de cette nature, pour rentrer dans ses fonctions de chanoine de Metz.

Son père, pleurant une vertueuse compagne qui lui avait donné dix enfants, avait besoin de ses consolations. Ce vénérable vieillard embrassa l'état ecclésiastique et reçut le diaconat. Le père et le fils marchèrent dans la sainte carrière avec un courage admirable, s'édifiant mutuellement et offrant à Dieu leurs prières et leurs travaux. Un tel bonheur ne fut pas de longue durée. Le jour de l'Assomption, en 1667, Bossuet fut prévenu, au moment de monter en chaire, dans la cathédrale de Metz, que son père, atteint d'une attaque d'apoplexie, voulait mourir entre ses bras. Sur-le-champ, docile à la voix de la nature et de la piété filiale, il se rendit auprès du moribond et lui donna les derniers sacrements; puis il reçut la bénédiction et les adieux du meilleur des pères de famille.

La perte de la reine-mère, qui se proposait de le nommer à un évêché de Bretagne, lui causa une vive douleur. Il épancha sa tristesse dans l'oraison funèbre qu'il prononça, en l'honneur de cette princesse, dans l'église des Carmélites, et émut jusqu'aux larmes les nombreux évêques qui assistaient à la cérémonie. Son désir était toujours le même; il tenait à s'ensevelir dans sa chère retraite de Metz ; mais un ordre du roi l'appela à Paris, dans l'intérêt du gouvernement et de l'Eglise, qui lui confièrent la direction de l'œuvre relative à la conversion des protestants.

La *paix* de Clément IX avait apaisé les redoutables querelles du jansénisme; les solitaires de Port-Royal, pour prouver leur attachement à l'Eglise, consacrèrent leurs plumes à la destruction du calvinisme. Le roi les encouragea dans cette louable entreprise, et leur donna Bossuet comme censeur et examinateur de leurs écrits. Celui-ci approuva les trois premiers volumes de l'ouvrage d'Arnaud, intitulé : *De la perpétuité de la foi touchant l'Eucharistie*, et son jugement sur cet excellent travail fut confirmé par plusieurs évêques. La modération et la délicatesse qu'il mit dans la révision des traités sur les *Préjugés légitimes entre le calvinisme* et le *Renversement de la morale de Jésus-Christ par les calvinistes*, fut cause qu'Arnaud lui proposa de corriger la *Version du Nouveau Testament de Mons*, condamnée par le pape. Il fallait faire subir de nombreuses et importantes modifications à ce livre, afin de le purger de toute faute. Bossuet ne recula point devant cette rude charge, et il tint, à ce sujet, plusieurs conférences avec Arnaud, l'abbé de la Lane, Sacy et Nicole ; mais la mort de M. de Péréfixe, arrivée sur ces entrefaites, arrêta les corrections, qui demeurèrent imparfaites.

La mort presque subite d'Henriette de France, veuve du malheureux Charles Ier, roi d'Angleterre, « fille, femme et mère de tant de rois dont les catastrophes avaient rempli tout l'univers, et dont la vie seule offrait toutes les extrémités des choses humaines, » lui donna l'occasion d'atteindre à la perfection de l'éloquence humaine, et de s'élever à une hauteur où personne n'a pu le suivre. Par l'exemple de la reine de la Grande-Bretagne, par le souvenir de sa majesté, de sa puissance et de ses infortunes, par les leçons de la religion et de la politique, il instruisit les rois et tous ceux qui gouvernent les hommes, prenant pour texte ces paroles de David : « Et maintenant entendez, ô rois de la terre ; instruisez-vous, arbitres du monde. »

La grande idée de Dieu domine tout ce discours, et explique les souffrances et les épreuves de la reine : « Celui qui règne dans les cieux et de qui relèvent tous les empires, à qui seul appartient la gloire, la majesté et l'indépendance, est aussi le seul qui se glorifie de faire la loi aux rois, et de leur

donner, quand il lui plaît, de grandes et terribles leçons. Soit
qu'il élève les trônes, soit qu'il les abaisse, soit qu'il commu-
nique sa puissance aux princes, soit qu'il la retire à lui-
même et ne leur laisse que leur propre faiblesse, il leur apprend leur devoir d'une manière souveraine et digne de lui...
Vous verrez dans une seule vie toutes les extrémités des choses
humaines : la félicité sans bornes aussi bien que les misères ;
une longue et paisible jouissance d'une des plus nobles couronnes de l'univers ; tout ce que peuvent donner de plus
glorieux la naissance et la grandeur accumulées sur une tête
qui ensuite est exposée à tous les outrages de la fortune ; la
bonne cause d'abord suivie de bons succès, et depuis, des
retours soudains, des changements inouïs ; la rebellion longtemps retenue, à la fin tout-à-fait maîtresse ; nul frein à la
licence ; les lois abolies ; la majesté violée par des attentats
jusqu'alors inconnus ; l'usurpation et la tyrannie sous le nom
de liberté ; une reine fugitive, qui ne trouve aucune retraite
dans trois royaumes, et à qui sa propre patrie n'est plus
qu'un triste lieu d'exil ; neuf voyages sur mer, entrepris par
une princesse, malgré les tempêtes ; l'Océan étonné de se voir
traversé tant de fois en des appareils si divers et pour des
causes si différentes ; un trône indignement renversé et mira-
culeusement rétabli. »

Il rappela à grands traits les qualités du roi, le Louis XVI
des Anglais : « Charles Iᵉʳ, roi d'Angleterre, était juste, mo-
déré, magnanime, très instruit de ses affaires et des moyens
de régner. Jamais prince ne fut plus capable de rendre la
royauté non-seulement vénérable et sainte, mais encore
aimable et chère à ses peuples. Que lui peut-on reprocher,
sinon la clémence? Je veux bien avouer de lui ce qu'un auteur célèbre a dit de César . « Qu'il a été clément jusqu'à
être obligé de s'en repentir. » Que ce soit donc là, si l'on
veut, l'illustre défaut de Charles aussi bien que de César :
mais que ceux qui veulent croire que tout est faible dans les
malheureux et dans les vaincus, ne pensent pas pour cela
nous persuader que la force ait manqué à son courage, ni la

vigueur à ses conseils. Poursuivi à toute outrance par l'implacable malignité de la fortune, trahi de tous les siens, il ne s'est pas manqué à lui-même. Malgré les mauvais succès de ses armes infortunées, si on a pu le vaincre, on n'a pas pu le forcer; et comme il n'a jamais refusé ce qui était raisonnable étant vainqueur, il a toujours rejeté ce qui était faible et injuste étant captif. J'ai peine à contempler son grand cœur dans ses dernières épreuves... Grande reine, je satisfais à vos plus tendres désirs, quand je célèbre ce monarque; et ce cœur, qui n'a jamais vécu que pour lui, se réveille tout poudre qu'il est, et devient sensible, même sous ce drap mortuaire, au nom d'un époux si cher, à qui ses ennemis mêmes accorderont le titre de sage et celui de juste, et que la postérité mettra au rang des grands princes, si son histoire trouve des lecteurs dont le jugement ne se laisse pas maîtriser aux événements ni à la fortune. »

Après avoir montré la cause de la mort de Charles Ier dans les innovations religieuses de l'impudique Henri VIII, Bossuet démasque l'hypocrisie et les crimes de Cromwel, l'ennemi du trône, sans toutefois le nommer : « Un homme s'est rencontré d'une profondeur d'esprit incroyable, hypocrite raffiné autant qu'habile politique, capable de tout entreprendre et de tout cacher, également actif et infatigable dans la paix et dans la guerre, qui ne laissait rien de la fortune de ce qu'il pouvait lui ôter par conseil et par prévoyance; mais au reste si vigilant et si prêt à tout, qu'il n'a jamais manqué les occasions qu'elle lui a présentées; enfin un de ces esprits audacieux qui semblent être nés pour changer le monde. Que le sort de tels esprits est hasardeux, et qu'il en paraît dans l'histoire à qui leur audace a été funeste! Mais aussi que ne font-ils pas, quand il plaît à Dieu de s'en servir! Il fut donné à celui-ci de tromper les peuples et de prévaloir contre les rois. »

Il prouve ensuite que l'infortune fut le vrai titre de gloire de la reine : « Combien de fois a-t-elle remercié Dieu humblement de deux grandes grâces : l'une, de l'avoir fait chrétienne; l'autre, Messieurs, qu'attendez-vous? peut-être d'avoir rétabli les affaires du roi son fils? Non : c'est de l'avoir fait reine malheureuse... Que ses douleurs l'ont rendue savante dans la science de l'Evangile, et qu'elle a bien connu la religion et la vertu de la croix, quand elle a uni le christianisme avec les malheurs! Les grandes prospérités nous aveuglent, nous transportent, nous égarent, nous font oublier Dieu, nous-mêmes et les sentiments de la foi... Comme le christianisme a pris sa naissance de la croix, ce sont aussi les malheurs qui le fortifient. Là, on expie ses péchés; là, on épure ses intentions; là, on transporte ses désirs de la terre au ciel; là, on perd tout le goût du monde, et on cesse de s'appuyer sur soi-même et sur sa prudence. Il ne faut pas se flatter; les plus expérimentés dans les affaires font des fautes capitales. Mais que nous pardonnons aisément nos fautes, quand la fortune nous les pardonne! et que nous nous croyons bientôt les plus éclairés et les plus habiles, quand nous sommes les plus élevés et les plus heureux! Les mauvais succès sont les seuls maîtres qui peuvent nous reprendre utilement, et nous arracher cet aveu d'avoir failli, qui coûte tant à notre orgueil. Alors, quand les malheurs nous ouvrent les yeux, nous repassons avec amertume sur tous nos faux pas; nous nous trouvons également accablés de ce que nous avons fait, et de ce que nous avons manqué de faire; et nous ne savons plus par où excuser cette prudence présomptueuse qui se croyait infaillible. Nous voyons que Dieu seul est sage; et en déplorant vainement les fautes qui ont ruiné nos affaires, une meilleure réflexion nous apprend à déplorer celles qui ont perdu notre éternité, avec cette singulière consolation qu'on les répare quand on les pleure. »

Bossuet avait prononcé cette oraison funèbre en présence de madame Henriette d'Angleterre, qui fut si émue des hommages rendus à sa mère et aux malheurs de sa famille, qu'elle conjura le prédicateur de la faire imprimer. Il se rendit avec peine à cette puissante considération, car il ne consentait à publier ses ouvrages que dans un but d'utilité publique. C'est ainsi que la plupart de ses œuvres n'ont point passé à la postérité, ou n'ont vu le jour qu'après sa mort.

Sept mois après avoir fait l'éloge de la mère, Bossuet rendit le même devoir à sa fille, la brillante Henriette-Anne d'Angleterre, duchesse d'Orléans, l'ornement de la cour de Louis XIV. Enrichie de tous les dons de la nature et de l'esprit, passionnée pour les plaisirs, honorée de la confiance royale, elle revenait d'Angleterre, où elle avait accompli heureusement une négociation de la plus haute importance, quand une mort cruelle et douloureuse détruisit toutes ses illusions. Atteinte tout-à-coup de violentes douleurs d'estomac qui déconcertèrent les ressources de la médecine, elle s'aperçut elle-même que sa dernière heure approchait et fit mander Bossuet, entre les mains de qui elle voulait mourir. Quand il arriva, elle s'était déjà confessée à un chanoine austère mais peu consolant ; il se mit en prières près de son lit, fondant en larmes et récita la recommandation de l'âme ; puis il parla de la foi, de la confiance et de l'amour que Dieu demande de nous, de l'éternité, en des termes pleins d'onction. La princesse, ranimée par ses exhortations, manifesta de grands sentiments de repentir et souffrit ses douleurs avec une parfaite résignation. Comme gage de sa reconnaissance, elle chargea une de ses femmes de chambre de lui remettre, après sa mort, l'émeraude qu'elle avait fait faire pour lui, et qu'il porta toute sa vie. Après neuf heures de souffrances, elle expira dans la paix du Seigneur, à l'âge de vingt-six ans, le 30 juin 1670.

Le cœur de Bossuet se montra égal à son génie, dans l'oraison funèbre de cette princesse : « Elle, s'écria-t-il dans son chagrin, que j'avais vue si attentive pendant que je rendais le même devoir à la reine sa mère, devait être si tôt après le sujet d'un discours semblable, et ma triste voix était réservée à ce déplorable ministère. O vanité ! ô néant ! ô mortels ignorants de leurs destinées ! L'eût-elle cru il y a dix mois ? Et vous, Messieurs, eussiez-vous pensé, pendant qu'elle versait tant de larmes en ce lieu, qu'elle dût si tôt vous y rassembler pour la pleurer elle-même? Princesse, le digne objet de l'admiration de deux grands royaumes, n'était-ce pas assez que l'Angleterre pleurât votre absence, sans être encore réduite à pleurer votre mort? Et la France, qui vous revit, avec tant de joie, environnée d'un nouvel éclat, n'avait-elle plus d'autres pompes et d'autres triomphes pour vous, au retour de ce voyage fameux, d'où vous aviez remporté tant de gloire et de si belles espérances? « Vanité des vanités, et tout est vanité. C'est la seule parole qui me reste, c'est la seule réflexion que me permet, dans un accident si étrange, une si juste et si sensible douleur. »

Pour raconter cette mort si prompte et si cruelle, il emprunta de douces et tendres images : « O nuit désastreuse! ô nuit effroyable, où retentit tout-à-coup, comme un éclat de tonnerre, cette étonnante nouvelle : Madame se meurt, Madame est morte! Qui de nous ne se sentit frappé à ce coup, comme si quelque tragique accident avait désolé sa famille? Au premier bruit d'un mal si étrange, on accourut à Saint-Cloud de toutes parts; on trouva tout consterné, excepté le cœur de cette princesse. Partout on entend des cris; partout on voit la douleur et le désespoir, et l'image de la mort. Le roi, la reine, Monsieur, toute la cour, tout le peuple, tout est abattu, tout est désespéré... Mais et les princes et les peuples gémissaient en vain. En vain Monsieur, en vain le roi même tenait Madame serrée par de si étroits embrassements. Alors ils pouvaient dire l'un et l'autre avec saint Ambroise : « Je serrais les bras, mais j'avais déjà perdu ce que je tenais. » La princesse leur échappait parmi des embrassements si tendres, et la mort plus puissante nous l'enlevait entre ces royales mains. Quoi donc, elle devait périr si tôt! Dans la plupart des hommes les changements se font peu à peu, et la mort les prépare ordinairement à son dernier coup. Madame cependant a passé du matin au soir, ainsi que l'herbe des champs. Le matin elle fleurissait; avec quelles grâces, vous le savez : le soir nous la vîmes séchée; et ces fortes expressions, par lesquelles l'Ecriture sainte exagère l'inconstance des choses humaines, devaient être pour cette princesse si précises et si littérales. Hélas! nous composions son histoire de tout ce qu'on peut imaginer de plus glorieux... Car qui eût pu seulement penser que les années eussent dû manquer à une jeunesse qui semblait si vive. Toutefois c'est par cet endroit que tout se dissipe en un moment. Au lieu de l'histoire d'une belle vie, nous sommes réduits à faire l'histoire d'une admirable, mais triste mort. A la vérité, Messieurs, rien n'a jamais égalé la fermeté de son âme, ni ce courage paisible qui, sans faire effort pour s'élever, s'est trouvé par sa naturelle situation au-dessus des accidents les plus redoutables. Oui, Madame fut douce envers la mort, comme elle l'était envers tout le monde. Son grand cœur ni ne s'aigrit ni ne s'emporta contre elle. Elle ne la brava non plus avec fierté, contente de l'envisager sans émotion, et de la recevoir sans trouble. Triste consolation, puisque, malgré ce grand courage, nous l'avons perdue! C'est la grande vanité des choses humaines. La voilà, malgré ce grand cœur, cette princesse si admirée et si chérie! la voilà, telle que la mort nous l'a faite; encore ce reste, tel quel, va-t-il disparaître : cette ombre de gloire va s'évanouir, et nous l'allons voir dépouillée même de cette triste décoration. Elle va descendre à ces sombres lieux, à ces demeures souterraines, pour y dormir dans la poussière avec les grands de la terre, comme parle Job; avec ces rois et ces princes anéantis, parmi lesquels à peine peut-on la placer, tant les rangs y sont pressés, tant la mort est prompte à remplir ces places. Mais ici notre imagination nous abuse encore. La mort ne nous laisse pas assez de corps pour occuper quelque place, et on ne voit là que les tombeaux qui fassent quelque figure. Notre chair change bientôt de nature. Notre corps prend un autre nom; même celui de cadavre, dit Tertullien, ne lui demeure pas longtemps : il devient un je ne sais quoi qui n'a plus de nom dans aucune langue; tant il est vrai que tout meurt en lui, jusqu'à ces termes funèbres par lesquels on exprimait ses malheureux restes. »

Bossuet publia cet incomparable discours pour ne pas affliger, par un refus, le duc d'Orléans, plongé dans une amère douleur. En adressant cette oraison funèbre et celle de la reine d'Angleterre à l'abbé de la Trappe, son ami, il lui écrivit : « J'ai laissé ordre de vous faire passer deux oraisons funèbres qui, parce qu'elles font voir le néant du monde, peuvent avoir place parmi les livres d'un solitaire, et qu'en tout cas il peut regarder comme deux têtes de mort assez touchantes. » Ces paroles intimes nous indiquent le cours habituel des pensées de Bossuet, et son dédain pour la gloire, la naissance et la fortune!

Depuis longtemps l'opinion publique l'appelait à l'épiscopat, et le roi attendait une occasion favorable pour l'y élever. Le 13 septembre 1669, il prêchait une prise d'habit, en présence de plusieurs évêques, lorsqu'un courrier de la cour lui apporta sa nomination à l'évêché de Condom. Il avait près de quarante-deux ans. Ses bulles, dont l'expédition avait été retardée par la maladie du pape Clément IX, ne lui arrivèrent qu'au mois de septembre 1670. La cérémonie de son sacre se fit à Pontoise, par son ami Charles-Maurice Le Tellier, en présence des membres de l'assemblée du clergé de France, avec une solennité qui rappela, au dire de l'abbé Ledieu, celle des anciens sacres, et comme en plein concile. Immédiatement après son sacre, Bossuet, selon ses plans adoptés d'avance, devait se rendre dans son diocèse, pour y remplir les fonctions épiscopales et les obligations de son nouveau ministère. Ses aptitudes et ses goûts, comme aussi des marques indubitables de vocation, semblaient lui promettre des jours heureux, passés au milieu des fidèles confiés à ses soins; il entrevoyait l'avenir d'un regard serein et songeait aux réformes à introduire dans son église, lorsque le roi le nomma précepteur de son fils. Il n'était pas possible de résister à un pareil ordre; néanmoins Bossuet hésita avant de donner son consentement, et consulta les ecclésiastiques les plus éclairés. Après bien des hésitations, il brava, selon leurs conseils, les scrupules qui le portaient à **préférer son** titre d'évêque à tout autre, et crut, sur leur parole, qu'il pouvait opérer plus de bien à la cour que dans son diocèse.

Pour.le remplacer momentanément à Condom, il donna ses pouvoirs à l'abbé de Janon, son parent, et l'envoya à Condom avec toutes les instructions nécessaires. Mais, prévoyant qu'il ne pourrait remplir, de cette façon, tous les devoirs de la charge épiscopale, il donna sa démission, et abdiqua l'évêché de Condom, où, disait-il, il devait faire sa résidence, pour avoir le droit de s'en croire le titulaire. Cette délicatesse de conduite révéla, une fois de plus, la grandeur de son âme et la pureté de ses intentions.

III. — LE PRÉCEPTEUR DU DAUPHIN.

Bossuet, en prenant possession d'une des premières fonctions de la cour, se trouvait dans un état de gêne pécuniaire, car il avait renoncé à tous ses bénéfices dépendant de l'église de Metz. Les revenus très modiques d'un prieuré suffisaient à peine à son entretien ; c'est pourquoi il accepta l'abbaye de Saint-Lucien-de-Beauvais, par réelle nécessité. « L'abbaye que le roi m'a donnée, écrivit-il au maréchal de Bellefonds, me tire d'un embarras et d'un soin qui ne peuvent pas compatir longtemps avec les pensées que je suis obligé d'avoir. N'ayez pas peur que j'augmente mondainement ma dépense. La table ne convient ni à mon état ni à mon humeur ; mes parents ne profiteront point du bien de l'Eglise. Je paierai mes dettes le plus tôt que je pourrai. Elles sont, pour la plupart, contractées pour des dépenses nécessaires, même dans l'ordre ecclésiastique ; ce sont des bulles, des ornements et autres choses de cette nature. Pour ce qui est des bénéfices, assurément ils sont destinés pour ceux qui servent

l'Eglise. Quand je n'aurai que ce qu'il faut pour soutenir
mon état, je ne sais si je dois en avoir du scrupule. Je ne
veux pas aller au-delà, et Dieu sait que je ne songe point à
m'élever. Quand j'aurai achevé mon service ici, je suis prêt
à me retirer sans peine et à travailler aussi, si Dieu m'y appelle. Quant à ce qui est nécessaire pour soutenir mon état, il
est malaisé de le déterminer ici fort précisément, à cause des
dépenses imprévues. Je n'ai, que je sache, aucun attachement
aux richesses, et je puis peut-être me passer de beaucoup de
commodités. Mais je ne me sens pas encore assez habile pour
trouver tout le nécessaire, si je n'avais que le nécessaire ; et
je perdrais plus de la moitié de mon esprit, si j'étais à l'étroit
dans mon domestique. L'expérience me fera connaître de quoi
je puis me passer; alors je prendrai ma résolution, et je
tâcherai de n'aller pas au jugement de Dieu avec une question
problématique sur ma conscience. »

L'Académie française s'honora elle-même en recevant Bossuet dans son sein, et en abrégeant, dans cette occasion
exceptionnelle, ses formes et ses délais ordinaires. Dans son
discours de réception, il ne se renferma point servilement
dans le canevas habituel, et parla des devoirs de l'Académie :
« La langue française, dit-il, doit avoir la hardiesse qui convient à la liberté mêlée à la retenue, qui est l'effet du jugement et du choix. La licence doit être restreinte par les préceptes. Mais, toutefois, vous prendrez garde qu'une trop
scrupuleuse régularité, qu'une délicatesse trop molle n'étei-
gnent le feu des esprits, et n'affaiblissent la vigueur du style.
C'est par vos soins et par vos écrits que la justesse est devenue le partage de notre langue. Elle ne peut rien endurer
ni d'affecté ni de bas. Sortie des jeux de l'enfance et de l'ardeur d'une jeunesse emportée, formée par l'expérience et
réglée par le bon sens, elle semble avoir atteint la perfection
que donne la consistance. Mais si vous voulez conserver au
monde cette véritable éloquence, résister à une critique im-
portune qui, tantôt flattant la paresse par une fausse apparence de facilité, tantôt faisant la docte et la curieuse par de

bizarres raffinements, ne laisserait à la fin aucun lieu à l'art, nous ferait retomber dans la barbarie, faites paraître à sa place une critique sévère, mais raisonnable; et travaillez à vous surpasser tous les jours vous-mêmes, puisque telle est tout ensemble la grandeur et la faiblesse de l'esprit humain, que nous ne pouvons égaler nos propres idées, tant Celui qui nous a formés a pris soin de marquer son infinité. » Cette dernière phrase renferme un grand sens philosophique, et donne un démenti formel à l'aphorisme trop cité et trop exclusif de Boileau :

> Ce que l'on conçoit bien s'énonce clairement,
> Et les mots, pour le dire, arrivent aisément.

Bossuet se fit un devoir d'assister à toutes les réunions publiques et aux conférences particulières des académiciens ; il lui arriva même de leur dire hautement qu'il trouvait parmi eux le plaisir et l'instruction. La véritable science est humble, et tire parti de toutes les circonstances et des personnes instruites pour augmenter sa richesse. Bossuet, dans le système adopté pour l'éducation du Dauphin, s'entoura d'hommes qui lui étaient inférieurs sans doute, mais qui lui communiquèrent ieurs lumières et les fruits de leur expérience. Ces hommes d'élite s'appelaient : Labruyère, Pellisson, l'abbé Renaudot, l'abbé Fleury, Cordemoi, Dodart, Tournefort, Malézieux, Sauveur, Saurin, Valincourt, Varignon, Winslou.

Chez le gouverneur du Dauphin, le duc de Montausier, surnommé le Platon de la cour, profondément attaché aux principes religieux, il trouva un puissant auxiliaire, favorable à ses nobles projets. Le sous-précepteur, le savant Huet, futur évêque d'Avranches, et le lecteur du Dauphin, M. de Cordemoi, homme vertueux et intelligent, entrèrent aussi dans ses vues et le secondèrent de leur mieux. Il lui eût été facile de confier à de tels collègues les soins secondaires de l'enseignement et la surveillance de son élève; mais, exact à remplir lui-même tous les devoirs de sa charge, il ne le perdait pas de vue pendant la journée et ne le quittait, le soir, qu'après l'avoir vu s'endormir. Il était plus rigoureux encore dans la direction des études.

Afin de posséder toutes les connaissances utiles au succès de son enseignement, il se mit à étudier lui-même tous les auteurs grecs et latins qu'il avait tant aimés dans sa jeunesse. *Le divin Homère,* son auteur de prédilection, lui paraissait ,e prince des poètes et des orateurs ; à force de le relire, il l'apprit par cœur presque tout entier, et il en récitait avec bonheur de longs fragments. Virgile tenait la seconde place dans ses affections, à cause de la mélodie et de la chasteté de ses chants ; puis venaient Horace, Phèdre et Térence, chez qui le cynisme du langage dépare de sublimes inspirations. Sur les marges de ses livres, il écrivait au courant de la lecture, avec le crayon, les remarques et les notes qu'il croyait justes, pour les retrouver ensuite. Jamais le véritable sens d'un mot latin ne lui parut douteux, parce qu'il avait la mémoire ornée de textes et d'exemples qui venaient à l'appui de son sentiment ; lorsqu'on discutait, en sa présence, des questions de ce genre, il résolvait la difficulté en citant un vers de Virgile ou une phrase de Cicéron.

Pour ne pas rebuter son disciple, au début de son éducation, il lui facilita l'étude des éléments d'histoire et de grammaire, et lui expliqua clairement toutes les matières qu'il s'agissait d'apprendre. Après lui avoir donné des notions sur la propriété des termes et l'élégance du style, il lui faisait lire chaque ouvrage tout entier, lui en montrait les beautés et les défauts, le plan et les détails, et l'exerçait à retenir de mémoire les morceaux les plus remarquables. Des récits intéressants et instructifs se mêlaient aux études sérieuses, et, sans s'en douter, l'élève apprenait l'histoire des souverains et des pays gouvernés par eux, et surtout les chroniques glorieuses de la France ; il redisait de vive voix ce qu'on lui avait raconté, et en écrivait ensuite la rédaction en français et en latin. Le maître corrigeait ce travail, ajoutant ou retranchant ce qui lui paraissait nécessaire.

On commençait la journée par l'étude de la religion, la

2.

plus importante de toutes les sciences ; le prince se découvrait
pendant la lecture d'un chapitre de l'Ecriture Sainte, dont le
sens lui était interprété d'après les règles tracées par l'Eglise,
gardienne de ce précieux dépôt. Il apprit de bonne heure à
voir dans les saintes Lettres la loi de Dieu et le code dogma-
tique et moral de la société chrétienne.

Bossuet lui enseignait la géographie en faisant, avec lui,
de longs voyages sur les cartes, en montrant la situation des
villes célèbres dans l'antiquité, des ports les plus fréquentés,
l'étendue des royaumes, la longueur des fleuves, en étudiant
les mœurs des peuples et leur histoire, car tout convergeait
vers la connaissance parfaite de l'histoire, *la maîtresse de la
vie humaine et de la politique*.

Au lieu de lui exposer tous les systèmes de philosophie, il
ne lui apprit que les maximes sûres et pratiques, comme il
le dit lui-même : « Après avoir considéré que la philosophie
consiste surtout à rappeler l'esprit à soi-même pour s'élever
ensuite jusqu'à Dieu, nous avons d'abord cherché à nous connaître nous-mêmes. Cette étude préliminaire, en nous présen-
tant moins de difficultés, offrait en même temps à nos recher-
ches-le but le plus utile et le plus noble ; car, pour devenir
un vrai philosophe, l'homme n'a besoin que de s'étudier lui-
même ; et sans s'égarer dans les recherches inutiles de ce que
les autres ont dit et ont pensé, il n'a qu'à se chercher et à
s'interroger lui-même, et il trouvera celui qui lui a donné
la faculté d'être, de connaître et de vouloir. » Son traité *de la
connaissance de Dieu et de soi-même*, aujourd'hui entre les
mains de tous les jeunes gens, fut composé dans ce but. Les
chapitres sur l'homme, l'âme, l'union de l'âme et du corps,
la connaissance de Dieu par la connaissance que l'homme a
de lui-même, égalent les plus belles pages philosophiques de
Descartes, Pascal, Malebranche et Leibnitz. Dans ce livre, on
trouve le premier traité d'anatomie écrit en langue française!
Bossuet avait suivi les leçons du grand anatomiste Duvernoy
et était devenu capable d'expliquer les intéressantes questions
relatives aux organes et à la constitution du corps humain.

Il adressa au pape Innocent XI un compte-rendu des études de monseigneur le Dauphin, et de son système d'éducation. Cette lettre a fait l'admiration de tous les hommes versés dans l'enseignement. « Maintenant que le cours de ses études est presque achevé, disait-il en terminant son récit, nous avons cru devoir travailler principalement à trois choses. Premièrement, à une *Histoire universelle* qui eût deux parties, dont la première comprît depuis l'origine du monde jusqu'à la chute de l'ancien empire romain, et au commencement de Charlemagne ; et la seconde, depuis ce nouvel empire établi par les Français.

» Il y avait déjà longtemps que nous l'avions composée, et même que nous l'avions fait lire au prince ; mais nous la repassons maintenant, et nous avons ajouté de nouvelles réflexions qui font entendre toute la suite de la religion et les changements des empires, avec leurs causes profondes, que nous reprenons dès leur origine.

» Dans cet ouvrage, on voit paraître la religion toujours ferme et inébranlable depuis le commencement du monde ; le rapport des deux *Testaments* lui donne cette force, et l'*Évangile*, qu'on voit s'élever sur les fondements de la loi, montre une solidité qu'on reconnaît aisément être à toute épreuve. On voit la vérité toujours victorieuse, les hérésies renversées, l'Église, fondée sur la pierre, les abattre par le seul poids d'une autorité si bien établie, et s'affermir avec le temps ; pendant qu'on voit, au contraire, les empires les plus florissants non-seulement s'affaiblir par la suite des années, mais encore se défaire mutuellement, et tomber les uns sur les autres.

» Nous montrons d'où vient d'un côté une si ferme consistance, et de l'autre un état toujours changeant et des ruines inévitables. Cette dernière recherche nous engage à expliquer en peu de mots les lois et les coutumes des Égyptiens, des Assyriens et des Perses ; celles des Grecs, celles des Romains, et celles des temps suivants ; ce que chaque nation a eu dans les siennes qui ait été fatal aux autres et à elle-même, et les exemples que leurs progrès ou leur décadence ont donnés aux siècles futurs.

» Ainsi nous tirons deux fruits de l'histoire universelle. Le premier est de faire voir tout ensemble l'autorité et la sainteté de la religion par sa propre stabilité et sa durée perpétuelle; le second est que, connaissant ce qui a causé la ruine de chaque empire, nous pouvons, sur leur exemple, trouver les moyens de soutenir les Etats, si fragiles de leur nature, sans toutefois oublier que ces soutiens mêmes sont sujets à la loi commune de la mortalité, qui est attachée aux choses humaines, et qu'il faut porter plus haut ses espérances.

» Par le second ouvrage, nous découvrons les secrets de la politique, les maximes du gouvernement et les sources du droit dans la doctrine et dans les exemples de l'Ecriture Sainte. On y voit non-seulement avec quelle piété il faut que les rois servent Dieu ou le fléchissent après l'avoir offensé; avec quel zèle ils sont obligés de défendre la foi de l'Eglise, à maintenir ses droits et à choisir ses pasteurs; mais encore l'origine de la vie civile; comment les hommes ont commencé à former leur société; avec quelle adresse il faut manier les esprits; comment il faut former le dessein de conduire une guerre, ne l'entreprendre pas sans bon sujet, faire une paix, soutenir l'autorité, faire des lois et régler un Etat : ce qui fait voir clairement que l'Ecriture Sainte surpasse autant en prudence qu'en autorité tous les autres livres qui donnent des préceptes pour la vie civile, et qu'on ne voit en nul endroit des maximes aussi sûres pour le gouvernement.

» Le troisième ouvrage comprend les lois et les coutumes particulières du royaume de France. En comparant ce royaume avec tous les autres, on met sous les yeux du prince tout l'état de la chrétienté et même de toute l'Europe. Nous achèverons tous ces desseins autant que le temps et nos moyens pourront le permettre. »

Il est regrettable que ce dernier écrit n'ait pas été achevé, ou qu'on l'ait perdu, car il n'a jamais été compris dans les œuvres de Bossuet. Il eût été pour notre pays ce que le *Discours sur l'Histoire universelle* est pour le monde entier. Cet ouvrage, unique en son genre, fut inspiré à Bossuet, dès sa jeunesse, par la lecture de l'Ecriture Sainte et des Pères, et exécuté pendant son séjour près du Dauphin. Il suppose des études préliminaires immenses, car il montre que toutes choses concourent à l'établissement de la religion, et une connaissance réfléchie de l'histoire, de la poésie, de l'éloquence, de la législation, de l'art militaire, des mœurs, de la chronologie, et de la politique de toute l'antiquité. Bossuet, se faisant l'historien de la Providence, y trace l'origine du monde, l'enchaînement des faits depuis Adam jusqu'au Messie, la chute des empires et le renversement des institutions humaines, au sein duquel apparaît le christianisme immuable et divin. Il se joue des choses de la terre, en expliquant les desseins de la Providence dans la suite des âges, et, selon une expression connue, il chasse pêle-mêle devant lui, avec une force irrésistible, les siècles et les générations. Lorsqu'il acheva cet immense travail, en 1679, époque du mariage du Dauphin, qui le nomma aumônier de la Dauphine, il s'arrachait aux fêtes et aux réjouissances pour s'enfermer dans son cabinet et compléter son œuvre.

Le *Discours sur l'Histoire universelle,* publié au commencement de l'année 1681, fut accueilli par d'unanimes éloges, dans toute l'Europe, de la part des protestants et des catholiques ; l'auteur en donna trois éditions successives, et pendant quelque temps il occupa toutes les presses de la France et de l'étranger. Bossuet regardait cet ouvrage comme son meilleur écrit, et le fondement de l'Apologétique ; peu de jours avant sa mort, il se le faisait lire et méditait le chapitre vingt-huitième, répétant « que c'était là où se trouvait la force de tout l'ouvrage, c'est à-dire la preuve la plus complète de la religion et de la certitude de la révélation contre les ennemis du christianisme ; que là paraît véritablement tout ce qui est la pure production de son esprit, que ce sont de nouveaux arguments qui n'ont pas été traités par les saints Pères : nouveaux, puisqu'ils sont faits pour répondre aux nouvelles objections des athées. » Toutes les tentatives faites par divers auteurs pour continuer le *Discours sur l'Histoire* jusqu'à nos jours, ont échoué complètement : on n'improvise pas le génie !

Après avoir appris au Dauphin l'art de gouverner ses sujets par l'exemple des anciens rois, il lui donna les maximes divines sur l'alliance entre la politique et la religion, dans son traité de la *Politique tirée des propres paroles de l'Ecriture Sainte.* « De toutes les formes de monarchie, dit-il, la meilleure est la monarchie héréditaire ; car elle se perpétue d'elle-même, et rien n'est plus durable qu'un Etat qui subsiste par les mêmes causes qui font durer l'univers et qui perpétuent le genre humain... L'autorité royale doit être absolue, mais non pas un arbitraire, ce qui est bien différent. Un gouvernement est absolu lorsqu'il n'existe aucune puissance capable de forcer le souverain, et qu'il est indépendant de toute autorité humaine. Mais il ne s'ensuit pas de là que le gouvernement soit arbitraire ; car il y a, dans les empires légitimes, des lois que l'autorité suprême ne peut pas enfreindre. » Il donne le portrait d'un prince tel qu'il le voulait, tel qu'il doit être pour mériter l'amour de son peuple et se rendre digne de sa mission :

« Les princes doivent sans doute être instruits et chercher à s'instruire ; mais il ne faut pas s'imaginer le prince un livre à la main, avec un front soucieux et des yeux profondément attachés à sa lecture. *Son livre principal est le monde.* Son étude est d'être attentif à ce qui se passe devant lui pour en profiter. La vie du prince doit être sérieuse. Il n'y a rien parmi les hommes de plus sérieux ni de plus grave que l'office de la royauté. Je n'appelle pas majesté cette pompe qui environne les rois, ou cet éclat extérieur qui éblouit le vulgaire ; c'est le rejaillissement de la majesté, et non pas la majesté elle-même. La majesté est l'image de la grandeur de Dieu dans le prince. Le prince, en tant que prince, n'est pas regardé comme un homme particulier : c'est un personnage public, tout l'Etat est en lui ; la volonté de tout le peuple est renfermée dans la sienne. Quelle grandeur qu'un seul homme en contienne tant! La puissance de Dieu se fait sentir en un instant de l'extrémité du monde à l'autre. La puissance royale agit en même temps dans tout le royaume; elle tient tout le royaume en état, comme Dieu y tient tout le monde. Que Dieu retire sa main, le monde retombera dans le néant; que l'autorité cesse dans le royaume, tout sera en confusion. Ramassez tout ce qu'il y a de grand et d'auguste; voyez un peuple immense réuni en une seule personne; voyez cette puissance sacrée, paternelle et absolue; voyez la raison secrète qui gouverne tout le corps de l'Etat renfermée dans une seule tête, vous voyez l'image de Dieu, et vous avez l'idée de la majesté royale. Oui, Dieu l'a dit : *Vous êtes des dieux.* Mais, ô dieux de chair et de sang! ô dieux de boue et de poussière! vous mourrez comme des hommes! O rois, exercez donc hardiment votre puissance, car elle est divine et salutaire au genre humain; mais exercez-la avec humilité, car elle vous est appliquée par le dehors; au fond elle vous laisse faibles, elle vous laisse mortels, et elle vous charge devant Dieu d'un plus grand compte. »

Quel fut le résultat d'une éducation dirigée par un aussi habile maître et accomplie au prix de tant de doctes travaux?... Hélas! il faut l'avouer avec peine : l'élève ne répondit pas aux soins de son mentor; d'un tempérament flegmatique, d'un caractère insouciant et paresseux, ce prince prit les livres en telle aversion qu'il se promit, une fois libre de ses actions, de ne jamais ouvrir un volume, et il tint parole!... Les flammes du génie de Bossuet ne purent éveiller cette âme endormie, cette nature insensible, ce cœur indifférent.

Plus d'un écrivain s'est plu à opposer les succès de Fénelon dans l'éducation du duc de Bourgogne à l'insuccès de Bossuet dans celle du Dauphin, et en a conclu qu'un bon précepteur n'a pas besoin de talents extraordinaires pourvu qu'il sache s'abaisser, se mettre à la portée de l'enfance et lui communiquer son savoir. Nous avons vu pourtant la patience avec laquelle Bossuet mettait tout en œuvre pour alléger les ennuis de l'étude, et se faire comprendre de son disciple. Ne faut-il pas plutôt chercher la cause de cette différence de résultats dans la différence même des élèves? Fénelon eut à réformer, dans le duc de Bourgogne, des passions ardentes, un orgueil sans bornes, une imagination désordonnée, mais il avait affaire à une âme généreuse, sensible et courageuse; en extirpant les défauts, il espérait faire croître, en leur place, de solides vertus. Bossuet, au contraire, cultivait une terre aride, incapable de rendre un pour cent, trop ingrate pour produire la moindre plante. Il n'est donc pas étonnant que les fruits de deux arbres de nature opposée, quoique issus du même sol, ne se ressemblent pas! Leibnitz a dit avec raison qu'en réformant l'éducation, on pouvait changer la face du monde; cela n'empêche pas qu'il y aura toujours des sujets rebelles à toute discipline et à toute culture!

Bossuet ne borna pas du reste son ministère à instruire son disciple; il opéra, à la cour de Louis XIV, par son genre de vie et par ses enseignements, des œuvres de salut de la plus haute importance. A côté de l'érudit, nous allons voir le prêtre, le vengeur de la morale, le bon pasteur excitant d'illustres repentirs et déclarant la guerre aux vices du grand roi.

IV. — BOSSUET A LA COUR.

Honoré des ministres, des seigneurs et des ennemis même de la religion, Bossuet se conduisait non en courtisan, mais en évêque des premiers temps de l'Église; fidèle à allier les convenances à la simplicité, le travail aux fêtes, il ne donnait au monde que les heures nécessaires, et veillait sur l'intérieur de sa maison avec économie. Le duc de Saint-Simon, amer

censeur de cette époque, et par conséquent peu suspect de flat-
terie, lui rend cet hommage : « Bossuet, écrit-il, était un
homme dont les vertus, la droiture et l'honneur étaient aussi
inséparables que la science et la vaste érudition. La place de
précepteur de M. le Dauphin l'avait familiarisé avec le roi,
qui s'était plus d'une fois adressé à lui dans les scrupules de
sa vie. Bossuet lui avait souvent parlé là-dessus avec une
liberté digne des premiers siècles et des premiers évêques de
l'Eglise. Il avait interrompu le cours de ses liaisons plus
d'une fois; il avait osé poursuivre le roi, qui lui avait
échappé. Il fit à la fin cesser tout commerce, et il acheva de
couronner cette grande œuvre par les derniers efforts qui
chassèrent pour jamais madame de Montespan de la cour. »

Au rapport d'un autre contemporain, Bossuet vécut à la
cour « avec la frugalité et la modestie dont il a fait profession
toute sa vie. Sa table était servie d'une manière convenable,
mais sans délicatesse et sans profusion ; ses meubles très
simples, son équipage modeste, sa maison peu nombreuse et
composée des seuls domestiques nécessaires à son service.
Sans faste, sans ostentation, sans vains amusements, il ne
parut jamais rien sur sa personne que de grave et de sérieux ;
on eût cru voir un simple ecclésiastique. » Quelques-uns de
ses amis, invités à partager son repas, lui reprochaient plai-
samment sa résolution de faire mauvaise chère, dans une
cour habituée à toutes les jouissances matérielles. Ils n'en
venaient pas moins le visiter assidûment et jouir du charme
de ses entretiens; bientôt ils se réunirent, tous les jours, en
assez grand nombre, dans ses appartements, et l'accompa-
gnèrent à la promenade, surtout dans une grande allée du parc
de Versailles surnommée depuis l'*allée des philosophes*.

Tous, magistrats distingués et ecclésiastiques recommandables, le regardaient comme leur maître, s'instruisaient
près de lui en se réjouissant et traitaient en commun les
questions philosophiques et littéraires, où chacun émettait
son opinion avec la plus grande liberté. Bossuet avait un mot
agréable pour chacun et se sentait heureux au milieu d'un

tel entourage, comme Platon enseignant la sagesse à ses disciples sous les arches du Portique !

Les promenades des dimanches et des fêtes furent consacrées exclusivement à l'étude de la Bible ; on lisait un chapitre d'Isaïe, puis le vrai sens des versets était discuté et admis à la pluralité des voix. Comme ses amis, Bossuet préparait d'avance les matériaux de ce travail, et songeait à rédiger un commentaire bref, clair et complet sur chaque livre de la Sainte Ecriture, à l'usage des ecclésiastiques à qui les fonctions du ministère ne laissent pas le loisir de consulter les grands commentateurs hérissés d'un vain étalage d'érudition hébraïque et par-là même peu attrayants. L'abbé Fleury, au retour de la promenade, écrivait, sur les marges de la grande Bible de Vitré, le résultat de la conférence, que la cour appelait le *Concile.* Ces notes, revues et augmentées par Bossuet, formèrent ses *Commentaires* sur la Bible, fort estimés de nos jours.

Pellisson demanda, comme une faveur, l'autorisation d'assister à ces graves promenades, *uniquement pour écouter,* mais bientôt il se mit à l'œuvre commune et y concourut activement et avec succès. Le jeune abbé de Fénelon en fit partie et se lia avec Bossuet d'une étroite amitié, dont les liens, relâchés un instant lors des discussions du *Quiétisme,* se renouèrent pour toujours. Les hommes les plus célèbres du temps accouraient autour de Bossuet, attirés par l'ascendant de son génie et de sa vertu, et non par l'espoir d'obtenir son appui auprès des princes, car il ne se servit jamais de sa position ni de son crédit pour élever ses parents ou ses amis !

En publiant, en 1691, ses *Dissertations sur les Psaumes,* il les fit précéder d'une introduction regardée comme un de ses meilleurs écrits au point de vue de l'éloquence et de la doctrine. Après avoir distingué les psaumes *moraux* renfermant des règles de conduite, les *déprécatifs* ou prières à Dieu, les *historiques* et les *prophétiques,* il les explique avec une justesse admirable. Il dédiait ce livre aux prêtres du diocèse de

Meaux et leur annonçait son ferme dessein de vieillir et de mourir sur les Saints Livres.

La conférence qu'il eut avec le ministre protestant, le fameux Jean Claude, amena la conversion de mademoiselle de Duras et porta un terrible coup au parti des réformés. Après avoir lu l'*Exposition de la doctrine catholique* par Bossuet, cette vertueuse nièce de Turenne conçut quelques doutes sur la religion de son enfance et les soumit au ministre Claude, et le pria de discuter, en sa présence, avec Bossuet, les difficultés qui tourmentaient son esprit. Les deux représentants de l'Eglise romaine et de l'Eglise protestante se réunirent, le 1er mars 1678, chez la comtesse de Roye. L'entretien dura cinq heures et roula spécialement sur l'autorité de l'Eglise. Bossuet, calme et poli, réduisit son adversaire au silence, tout en proclamant son adresse à chercher des subterfuges ; il lui proposa une seconde conférence que Claude se garda bien d'accepter.

Mademoiselle de Duras promit immédiatement d'abjurer le calvinisme, devint une fervente catholique et mourut, en 1689, après avoir reçu les derniers sacrements de la main de Bossuet. Une relation exacte de l'entretien fut publiée à la demande des personnes qui y avaient assisté. Claude essaya d'en atténuer l'influence, par une brochure remplie de mensonges. « La relation de Claude, répliqua Bossuet, ne fait honneur ni à lui ni à moi. Mais partout où il dira qu'il n'a pas avoué ce que je lui fais avouer dans le récit de la conférence, je m'engage à tirer encore de lui le même aveu ; et partout où il dira qu'il n'est pas demeuré sans réponse, je le forcerai, sans autres arguments que ceux qu'il a déjà ouïs, à des réponses si visiblement absurdes, que tout homme de bon sens avouera qu'il valait encore mieux se taire que de s'en être servi. » La vérité seule peut communiquer pareille audace et une si douce assurance à ses défenseurs.

On connaît la touchante histoire de mademoiselle de La Vallière, et la part que Bossuet prit à sa conversion et à son entrée chez les Carmélites. Louise, fille du marquis de La

Vallière, gouverneur d'Amboise, se fit remarquer, dans son enfance, par un caractère de sagesse que la cour entière sut apprécier. Devenue fille d'honneur d'Henriette d'Angleterre ; entourée d'hommages rendus également à la bonté de son âme, à sa douceur et à ses qualités extérieures ; douée d'un cœur sensible, elle ne sut pas résister à la passion du monarque. Dans ce temps d'illusions où tout paraissait contribuer à l'agrément de sa vie, elle éprouvait au-dedans d'elle-même une humiliation qui ne lui laissait pas de repos, même au sein des plaisirs. Les sentiments religieux, conservés dans toute leur intégrité, la faisaient gémir sur sa propre faiblesse, et lui inspiraient constamment le désir de rentrer dans le chemin de la vertu. Elle affectionnait les personnes pieuses de la cour, spécialement le maréchal de Bellefonds, qui la mit en rapport avec sa sœur, la supérieure du Carmel de Paris, et Bossuet, dont la voix sévère l'exhortait à rompre de coupables chaînes et à vaincre son cœur.

En 1674, après avoir suivi les exercices du carême prêché par Bourdaloue, elle songea à expier sa vie passée, à réparer ses scandales, à se retirer du monde, à chercher dans le cloître un asile contre la séduction et un abri pour son repentir. Rien ne l'arrêta, ni la colère de Louis XIV, ni les railleries des courtisans, ni la voix de ses enfants, dont elle pleurait la naissance, avant de pleurer la mort. Elle n'avait pas encore atteint sa trentième année quand elle entra chez les Carmélites, où elle prit le nom de sœur Louise de la Miséricorde ; pendant tout le reste de sa vie, qui ne fut qu'une longue suite de souffrances, elle pratiqua les austérités et les macérations les plus effrayantes.

Des douleurs de tête continuelles, des rhumatismes qui disloquèrent ses membres, s'ajoutèrent à ses pénitences volontaires. Tous les jours, elle se levait deux heures avant ses compagnes, pour se prosterner devant le saint Sacrement ; elle partageait tous les travaux pénibles du monastère, et remplissait avec scrupule les plus minimes prescriptions de la règle. Un jour de Vendredi-Saint, elle se souvint qu'autrefois,

dans une partie de chasse, elle avait bu avec volupté des
rafraîchissements délicieux, et considérant le fiel et le vinaigre
dont Jésus fut abreuvé sur la croix, elle résolut de se priver
de toute boisson. Pendant trois semaines, elle ne prit pas une
seule goutte d'eau, et pendant trois ans entiers elle se contenta d'en boire un demi-verre par jour, malgré des maux
d'estomac qui la réduisaient à une extrême faiblesse. On conçoit à peine qu'une femme délicate, élevée dans toutes les sa-
tisfactions de l'opulence, habituée aux mille raffinements du
luxe, ait pu supporter pendant trente-six ans d'aussi grandes
épreuves. Elle mourut en 1710, à l'âge de soixante-six ans.
On publia, sans son aveu, ses consolantes *Réflexions sur la
miséricorde de Dieu*, ouvrage plein d'onction et de piété.

Bossuet prêcha le jour de la profession de mademoiselle de
La Vallière, conduite à l'autel par la reine qu'elle avait
blessée dans ses affections les plus chères, assistée par la duchesse de Longueville, l'héroïne de la Fronde, expiant dans
le cloître, depuis vingt ans, les fautes de sa jeunesse. L'élite
de la société parisienne s'était rendue à cette cérémonie, où
les souvenirs et les enseignements parlaient d'eux-mêmes. Le
sujet présentait de sérieuses difficultés que l'orateur fit servir
au bien des assistants et à l'éloge de la vertu.

Evitant de parler même indirectement des circonstances
délicates qui avaient amené cette conversion, et des personnages qui l'avaient entravée, il traita du spectacle admirable
que Dieu nous présente dans le renouvellement du cœur
humain partagé entre deux amours, de la chute de l'âme qui
cherche sa félicité hors de Dieu, et de la manière dont elle
finit par aimer Dieu, par une vie pénitente montrée très possible par l'exemple de madame de La Vallière. S'adressant
tout d'abord à la reine, il lui dit : « Voici un objet digne de
la présence et des yeux d'une si pieuse reine. Votre Majesté
ne vient pas ici pour apporter les pompes mondaines dans la
solitude : son humilité la sollicite à venir prendre part aux
abaissements de la vie religieuse; et il est juste que faisant
par votre état une part si considérable des grandeurs du

monde, vous assistiez quelquefois aux cérémonies où on apprend à les mépriser. Admirez donc avec nous ces grands changements de la main de Dieu. Il n'y a plus rien ici de l'ancienne forme, tout est changé au-dehors : ce qui se fait au-dedans est encore plus nouveau : et moi, pour célébrer ces nouveautés saintes, je romps un silence de tant d'années, je fais entendre une voix que les chaires ne connaissent plus. »

Les mystères de la nature humaine lui arrachèrent cette sublime réflexion : « Les sentiments de la religion sont la dernière chose qui s'efface en l'homme, et la dernière que l'homme consulte : rien n'excite de plus grands tumultes parmi les hommes ; rien ne les remue davantage, et rien en même temps ne les remue moins. O Dieu, qu'est-ce donc que l'homme ? est-ce un prodige ? est-ce un composé monstrueux de choses incompatibles ? ou bien est-ce une énigme inexplicable ? Ce qu'il y a de si grand dans l'homme est un reste de sa première institution : ce qu'il y a de si bas, et qui paraît si mal assorti avec ses premiers principes, c'est le malheureux effet de sa chute. Il ressemble à un édifice ruiné, qui, dans ses masures renversées, conserve encore quelque chose de la beauté et de la grandeur de son premier plan. Fondé dans son origine sur la connaissance de Dieu et son amour, par sa volonté dépravée il est tombé en ruine ; le comble s'est abattu sur les murailles, et les murailles sur le fondement. Mais qu'on remue ces ruines, on trouvera dans les restes de ce bâtiment renversé, et les traces des fondations, et l'idée du premier dessein, et la marque de l'architecte. L'impression de Dieu reste encore en l'homme si forte, qu'il ne peut la perdre, et tout ensemble si faible, qu'il ne peut la suivre. »

Voici le tableau des sacrifices accomplis par l'âme dégoûtée du monde, tableau bien fait pour une Carmélite : « L'âme se dépouille des choses extérieures ; elle revient de son égarement, et commence à être plus proche d'elle-même. Mais osera-t-elle toucher à ce corps si tendre, si chéri, si ménagé ? N'aura-t-on point pitié de cette complexion délicate ? Au contraire, c'est à lui principalement que l'âme s'en prend, comme à son plus dangereux séducteur. J'ai, dit-elle, trouvé une victime : depuis que ce corps est devenu mortel, il semblait n'être devenu pour moi qu'un embarras, et un attrait qui me porte au mal ; mais la pénitence me fait voir que je le puis mettre à un meilleur usage. Grâce à la miséricorde divine, j'ai en lui de quoi réparer mes fautes passées. Cette pensée la sollicite à ne plus rien donner à ses sens : elle leur ôte tous leurs plaisirs ; elle embrasse toutes les mortifications ; elle donne au corps une nourriture peu agréable ; et afin que la nature s'en contente, elle attend que la nécessité la rende supportable. Ce corps si tendre couche sur la dure ; la psalmodie de la nuit et le travail de la journée y attirent le sommeil : sommeil léger qui n'appesantit pas l'esprit et n'interrompt presque point ses actions. Ainsi toutes les fonctions, même de la nature, commencent dorénavant à devenir des opérations de la grâce. On déclare une guerre immortelle et irréconciliable à tous les plaisirs ; il n'y en a aucun de si innocent qui ne devienne suspect : la raison, que Dieu a donnée à l'âme pour la conduire, s'écrie en les voyant approcher : « C'est ce serpent qui nous a séduits. » Les premiers plaisirs qui nous ont trompé sont entrés dans notre cœur avec une mine innocente, comme un ennemi qui se déguise pour entrer dans une place qu'il veut révolter contre les puissances légitimes. Ces désirs, qui nous semblaient innocents, ont remué peu à peu les passions les plus violentes, qui nous ont mis dans les fers que nous avons tant de peine à rompre. L'âme, délivrée par ces réflexions de la captivité des sens, en veut encore à elle-même : déçue par sa liberté dont elle a fait un mauvais usage, elle songe à la contraindre de toutes parts ; des grilles affreuses, une retraite profonde, une clôture impénétrable, une obéissance entière, toutes les actions réglées, tous les pas comptés, cent yeux qui vous observent... Encore trouve-t-elle qu'il n'y en a pas assez pour l'empêcher de s'égarer. Elle se met de tous côtés sous le joug : elle se souvient des tristes jalousies du monde, et s'abandonne sans réserve aux douces jalousies d'un Dieu bienfaisant, qui ne veut avoir les cœurs que pour les remplir des douceurs célestes. De peur de retomber sur ces objets extérieurs, et que sa liberté s'égare encore une fois en les cherchant, elle se met des bornes de tous côtés : mais de peur de s'arrêter en elle-même, elle abandonne sa volonté propre. Ainsi, resserrée de toutes parts, elle ne peut plus respirer que du côté du ciel : elle se donne donc en proie à l'amour divin. »

Les larmes coulèrent de tous les yeux des auditeurs, lorsque Bossuet étendant la main vers la sœur Louise, lui dit d'un ton inspiré : « Et vous, ma sœur, qui avez commencé à goûter ces chastes délices, descendez, allez à l'autel; victime de la pénitence, allez achever votre sacrifice : le feu est allumé, l'encens est prêt, le glaive est tiré : le glaive, c'est la parole qui sépare l'âme d'avec elle-même pour l'attacher uniquement à son Dieu. Le sacré pontife vous attend avec ce voile mystérieux que vous demandez. Enveloppez-vous dans ce voile; vivez cachée à vous-même aussi bien qu'à tout le monde; et connue de Dieu, échappez-vous à vous-même, sortez de vous-même, et prenez un si noble essor, que vous ne trouviez de repos que dans l'essence du Père, du Fils et du Saint-Esprit. »

Bossuet sut encore conduire à Dieu madame de Montespan, qui occupa pendant dix ans, dans le cœur de Louis XIV, la place de mademoiselle de La Vallière. Un curé des environs de Paris refusa, le Jeudi-Saint, l'absolution à cette pécheresse; grand émoi à la cour à la suite de cet acte de justice sacerdotale! Bossuet, consulté par le roi, répondit que le prêtre avait agi selon sa conscience, et parla avec une sainte hardiesse de l'obligation pour un souverain de donner le bon exemple, et des intérêts de la religion compromis par sa conduite. M. de Montausier ajouta sa parole à celle de Bossuet, et décida le roi à s'arracher à une liaison coupable. Plusieurs fois, l'orgueilleuse et adroite favorite reconquit son empire, et employa les flatteries et les menaces pour engager Bossuet à ne point alarmer la conscience du roi. Le digne prélat eut de fréquents entretiens avec elle, lui prouva qu'il n'était point son ennemi, mais plutôt l'ami de son âme, et ne manqua pas une occasion d'éveiller les remords dans cette arrogante courtisane. Il ne cessa de poursuivre le roi de ses exhortations à tenir la promesse qu'il lui avait faite de briser cette chaîne, et il réussit enfin à le guérir de sa folle passion.

La religion, à laquelle madame de Montespan était demeurée fidèle, en apparence, pendant ses désordres, consola ses derniers jours. Retirée chez les religieuses de la communauté de Saint-Joseph qu'elle avait fondée aux jours de sa splendeur, elle expia ses fautes par la pénitence, le jeûne, les aumônes et le travail pour les pauvres. Elle y mourut à l'âge de soixante-six ans, en 1707, dans les sentiments de la piété chrétienne, bénissant celui qui lui avait ouvert le chemin du ciel!

Après avoir achevé l'éducation du Dauphin, Bossuet fut retenu à la cour, malgré lui, par ses fonctions d'aumônier de madame la Dauphine. Les églises de Lyon, de Sens, de Beauvais et de Châlons-sur-Marne le demandèrent pour leur pasteur, mais le roi n'accéda pas à ces honorables démarches, puisqu'il désirait garder Bossuet à proximité de la cour, afin de pouvoir l'appeler près de lui quand il aurait besoin de ses conseils. Il le nomma évêque de Meaux, en 1681, et, pour témoigner l'importance de cette nomination, il chargea l'archevêque de Paris de l'annoncer à l'assemblée des évêques réunis à Paris.

Bossuet écrivit à son ami, l'abbé de Rancé, qu'il voulait passer quelques jours avec lui, à la Trappe, dans l'intention de se préparer, par l'oraison et la retraite, à remplir ses obligations épiscopales. Son projet ne put se réaliser, parce que le clergé de la métropole de Paris le nomma député à la célèbre assemblée générale du clergé de France, et le chargea de prononcer le sermon d'ouverture.

Bossuet donna son discours sur l'*unité de l'Eglise* : « Ce sermon, qu'il prêcha si à propos, avec le succès le plus inouï et le mieux mérité, me paraît le plus beau discours pour la

3

chaire, et par conséquent incomparablement le plus magnifique ouvrage de ce genre qui ait jamais été composé dans
aucune langue, raconte le cardinal Maury. C'est une création
oratoire absolument à part, un prodige d'érudition, d'éloquence, de sagesse et de génie. L'exorde est le plus admirable
qui ait jamais été fait ; c'est la verve, l'inspiration, la magnificence d'allégorie d'un prophète. » Il commença par professer son dévouement au Saint-Siége et par l'inspirer à tous
les prélats français.

« Une des plus belles parties de l'Eglise universelle se
présente à vous. C'est l'Eglise gallicane qui vous a tous engendrés en Jésus-Christ : Eglise renommée dans tous les
siècles, aujourd'hui représentée par tant de prélats que vous
voyez assistés de l'élite de leur clergé, et tous ensemble prêts
à vous bénir, prêts à vous instruire selon l'ordre qu'ils en ont
reçu du ciel. C'est en leur nom que je vous parle ; c'est par
leur autorité que je vous prêche. Qu'elle est belle, cette
Eglise gallicane, pleine de science et de vertu! mais qu'elle
est belle dans son tout, qui est l'Eglise catholique : et qu'elle
est belle saintement et inviolablement unie à son chef,
c'est-à-dire au successeur de saint Pierre! Oh! que cette
union ne soit point troublée, que rien n'altère cette paix et
cette unité où Dieu habite. La paix est l'objet de cette assemblée : au moindre bruit de division, nous accourons effrayés,
pour unir parfaitement le corps de l'Eglise, le père et les enfants, le chef et les membres, le sacerdoce et l'empire. »

Ceux qui ont reproché à Bossuet de ne pas avoir pro-
clamé suffisamment l'infaillibilité du Saint-Siége et la souveraineté de l'Eglise romaine, n'ont pas assurément médité
ces paroles : « Jésus-Christ, qui sait que la foi qu'on a en lui
est le fondement de son Eglise, inspire à Pierre une foi digne
d'être le fondement de cet admirable édifice : « Vous êtes le
Christ Fils du Dieu vivant. » Par cette haute prédication de
la foi, il s'attire l'inviolable promesse qui le fait le fondement de l'Eglise. La parole de Jésus-Christ, qui de rien fait
ce qu'il lui plaît, donne cette force à un mortel. Qu'on ne

dise point, qu'on ne pense point que ce ministère de sain:
Pierre finisse avec lui : ce qui doit servir de soutien à une
Église éternelle ne peut jamais avoir de fin. Pierre vivra
dans ses successeurs ; Pierre parlera toujours dans sa chaire :
c'est ce que disent les Pères ; c'est ce que confirment six cent
trente évêques au concile de Chalcédoine... Saint Pierre paraît
le premier en toutes manières : le premier à confesser la
foi ; le premier dans l'obligation d'exercer l'amour ; le premier de tous les apôtres qui vit Jésus-Christ ressuscité des
morts, comme il en devait être le premier témoin devant
tout le peuple; le premier quand il fallut remplir le nombre
des apôtres ; le premier qui confirma la foi par un miracle;
le premier à convertir les Juifs; le premier à recevoir les
Gentils; le premier partout. Tout concourt à établir sa
primauté; oui, mes frères, tout jusqu'à ses fautes, qui ap-
prennent à ses successeurs à exercer une si grande puissance
avec humilité et condescendance... Qu'elle est grande l'Eglise
romaine, soutenant toutes les Eglises, portant le fardeau de
tous ceux qui souffrent, entretenant l'unité, confirmant la
foi, liant et déliant les pécheurs, ouvrant et fermant le ciel !
Qu'elle est grande, encore une fois, lorsque pleine de l'autorité de saint Pierre, de tous les apôtres, de tous les conciles,
elle en exécute, avec autant de force que de discrétion, les
salutaires décrets! Sainte Eglise romaine, mère des Églises et
mère de tous les fidèles; Eglise choisie de Dieu pour unir ses
enfants dans la même foi et dans la même charité, nous tien-
drons toujours à ton unité par le fond de nos entrailles. Si
je t'oublie, Eglise romaine, puissé-je m'oublier moi-même!
que ma langue se sèche et demeure immobile dans ma
bouche, si tu n'es pas toujours la première dans mon souvenir, si je ne te mets pas au commencement de tous mes
cantiques de réjouissance. » On conçoit que Bossuet avait
raison de dire qu'il prêcherait ce sermon à Rome avec autant d'assurance qu'à Paris.

L'époque des persécutions de l'Eglise est ainsi appréciée :
« Durant ces jours de tempête, où l'Eglise, comme un rocher,

devait voir les efforts des rois se briser contre elle, demandez aux chrétiens si les Césars pouvaient être de leur corps : Tertullien vous répondra hardiment que non. « Les Césars, dit-il, seraient chrétiens, s'ils pouvaient être tout ensemble chrétiens et Césars. » Quoi ! les Césars ne peuvent pas être chrétiens ! ce n'est pas de ces excès de Tertullien ! il parlait au nom de toute l'Eglise dans cette admirable Apologétique, et ce qu'il dit est vrai à la lettre. Mais il faut distinguer les temps. Il y avait le premier temps, où l'on devait voir l'empire ennemi de l'Eglise, et tout ensemble vaincu par l'Eglise; et le second temps, où l'on devait voir l'empire réconcilié avec l'Eglise, et tout ensemble le rempart et la défense de l'Eglise... La synagogue, dont les promesses sont terrestres, commence par la puissance et par les armes. L'Eglise commence par la croix et par les martyrs; fille du ciel, il faut qu'il paraisse qu'elle est née libre et indépendante dans son état essentiel, et ne doit son origine qu'au Père céleste. Quand, après trois cents ans de persécution, parfaitement établie et parfaitement gouvernée durant tant de siècles, sans aucun secours humain, il paraîtra clairement qu'elle ne tient rien de l'homme : Venez maintenant, ô Césars, il est temps! Tu vaincras, ô Constantin, et Rome te sera soumise; mais tu vaincras par la croix ; Rome verra la première ce grand spectacle : un empereur victorieux prosterné devant le tombeau d'un pêcheur, et devenu son disciple. »

C'est encore dans ce discours que Bossuet proclama ce grand principe, fondement de l'ordre social : « Quand on veut forcer l'Eglise de désavouer ou de taire les vérités de l'Evangile, elle ne peut que dire avec les apôtres : « Que prétendez-vous? Nous ne pouvons pas; » et en même temps découvrir le sein où l'on veut frapper ; de sorte que le même sang qui rend témoignage à l'Evangile, le même sang le rend aussi à cette vérité : que nul prétexte ni nulle raison ne peut autoriser les révoltes; qu'il faut révérer l'ordre du ciel, et le caractère du Tout-Puissant dans tous les princes, quels qu'ils soient, puisque les plus beaux temps de l'Eglise nous le font voir sacré et inviolable, même dans les princes persécuteurs de l'Evangile. Ainsi leur couronne est hors d'atteinte, l'Eglise leur a érigé un trône dans le lieu le plus sûr et le plus inaccessible, dans la conscience même, où Dieu a le sien ; et c'est là le fondement le plus assuré de la tranquillité publique. »

En terminant, il s'adressa à tous les évêques pour leur recommander l'union et la concorde avec les princes temporels : « Priez donc tous ensemble, encore une fois, que ce qui doit finir finisse bientôt. Tremblez à l'ombre même de la division ; songez au malheur des peuples, qui ayant rompu l'unité se rompent en tant de morceaux, et ne voient plus dans leur religion que la confusion de l'enfer et l'horreur de la mort. Ah ! prenons garde que ce mal ne gagne. Déjà nous ne voyons que trop parmi nous de ces esprits libertins, qui, sans savoir ni la religion, ni ses fondements, ni ses origines, ni sa suite, blasphèment ce qu'ils ignorent, et se corrompent dans ce qu'ils savent ; nuées sans eau, docteurs sans doctrine, qui pour toute autorité ont leur hardiesse, et pour toute science leurs décisions précipitées : arbres deux fois morts et déracinés ; morts premièrement parce qu'ils ont perdu la charité ; mais doublement morts, parce qu'ils ont encore perdu la foi ; et entièrement déracinés, puisque, déchus de l'une et de l'autre, ils ne tiennent à l'Eglise par aucune fibre : astres errants, qui se glorifient dans leurs routes nouvelles et écartées, sans songer qu'il leur faudra bientôt disparaître. Opposons à ces esprits légers, et à ce charme trompeur de la nouveauté, la pierre sur laquelle nous sommes fondés, et l'autorité de nos traditions où tous les siècles passés sont renfermés, et l'antiquité qui nous réunit à l'origine des choses. Marchons dans les sentiers de nos pères ; mais marchons dans les anciennes mœurs, comme nous voulons marcher dans l'ancienne foi. »

Louis XIV, après avoir lu ce discours, en ordonna l'impression ; l'assemblée partagea son avis, et l'on vit pour la première fois un sermon publié par ordre d'une assemblée du clergé. Rome accueillit avec reconnaissance une profession de foi où, tout en prouvant la légitimité des maximes de l'Eglise gallicane, l'orateur avait exprimé avec tant d'éloquence le respect et l'attachement dus au Saint-Siége.

La convocation du clergé avait pour but de mettre fin aux discussions relatives au droit de régale qui avait amené un différend entre le pape Innocent XI et le roi de France. Celui-ci, comme ses prédécesseurs, jouissait du *droit de régale*, c'est-à-dire de la faculté de percevoir les revenus des évêchés *vacants,* jusqu'après l'enregistrement du serment des nouveaux évêques par la chambre des comptes de Paris. Il voulut l'établir, en 1673, sur les quelques églises du royaume qui en étaient exemptes, et ne trouva de résistance que chez les deux évêques d'Aleth et de Pamiers, dont la conduite fut approuvée par le pape Innocent XI. L'assemblée du clergé crut avec Bossuet que l'intérêt même de la religion autorisait l'extension de la régale, pourvu qu'elle fût à l'avenir exempte de certains abus. Louis XIV adopta les projets du clergé par un édit où il se réservait uniquement le droit de patronage à l'égard des bénéfices et renonçait à tous ses priviléges, capables de blesser la juridiction spirituelle. Le président de l'assemblée, l'archevêque de Reims, chargea Bossuet de rendre compte au souverain Pontife des motifs qui avaient amené cette cordiale entente entre l'autorité royale et l'autorité ecclésiastique de France. Contre toute attente, un bref annula, trois mois après, toutes les décisions relatives à la régale.

Pendant cet intervalle, l'assemblée avait émis la célèbre déclaration du 19 mars 1682, signée par les trente-quatre prélats et les trente-quatre députés qui la composaient, et reconnue comme ayant force de loi par un édit royal. Beaucoup en ont parlé, mais bien peu l'ont comprise; nous citons textuellement ces quatre articles, dont les défenseurs et les ennemis des libertés de l'Eglise gallicane ont tant parlé dans leurs discussions, et qui sont l'ouvrage de Bossuet.

« Plusieurs s'efforcent de renverser les décrets de l'Eglise gallicane, ses libertés qu'ont soutenues avec tant de zèle nos ancêtres, et leurs fondements appuyés sur les saints canons et sur la tradition des Pères. Il en est aussi qui, sous le prétexte de ces libertés, ne craignent pas de porter atteinte à la primauté de saint Pierre et des pontifes romains, ses successeurs, institués par Jésus-Christ, à l'obéissance qui leur est due par tous les chrétiens, et à la majesté si vénérable aux yeux de toutes les nations, du Siége apostolique où s'enseigne la foi et se conserve l'unité de l'Eglise. Les hérétiques, d'une autre part, n'omettent rien pour présenter cette puissance qui renferme la paix de l'Eglise comme insupportable aux rois et aux peuples, et pour séparer par cet artifice les âmes simples de la communion de l'Eglise et de Jésus-Christ. C'est dans le dessein de remédier à de tels inconvénients, que nous, archevêques et évêques assemblés à Paris, par ordre du roi avec les autres députés, qui représentons l'Eglise gallicane, avons jugé convenable, après une mûre délibération, d'établir et de déclarer :

« I. Que saint Pierre et ses successeurs, vicaires de Jésus-Christ, et que toute l'Eglise même n'ont reçu de puissance de Dieu que sur les choses spirituelles et qui concernent le salut, et non point sur les choses temporelles et civiles; Jésus-Christ nous apprenant lui-même « que son royaume
‹ n'est point de ce monde ; » et en un autre endroit, « qu'il
» faut rendre à César ce qui est à César, et à Dieu ce qui est
» à Dieu, » et qu'ainsi ce précepte de l'apôtre saint Paul ne peut
» en rien être altéré ou ébranlé : « que toute personne soit
» soumise aux puissances supérieures ; car il n'y a point de
» puissance qui ne vienne de Dieu, et c'est lui qui ordonne
» celles qui sont sur la terre ; celui donc qui s'oppose aux
» puissances, résiste à l'ordre de Dieu. » Nous déclarons en conséquence que les rois et les souverains ne sont soumis à aucune puissance ecclésiastique par l'ordre de Dieu dans les choses temporelles ; qu'ils ne peuvent être déposés directement ni indirectement par l'autorité des chefs de l'Eglise ; que leurs sujets ne peuvent être dispensés de la soumission et de

l'obéissance qu'ils leur doivent, ou absous du serment de fidélité, et que cette doctrine nécessaire pour la tranquillité publique, et non moins avantageuse à l'Eglise qu'à l'Etat, doit être inviolablement suivie, comme conforme à la parole de Dieu, à la tradition des saints Pères et aux exemples des Saints.

» II. Que la plénitude de puissance que le Saint-Siége apostolique et les successeurs de saint Pierre, vicaires de Jésus-Christ, ont sur les choses spirituelles, est telle, que les décrets du saint concile œcuménique de Constance, dans les sessions IV et V, approuvés par le Saint-Siége apostolique, confirmés par la pratique de toute l'Eglise et des pontifes romains, et observés religieusement dans tous les temps par l'Eglise gallicane, demeurent dans toute leur force et vertu, et que l'Eglise de France n'approuve pas l'opinion de ceux qui donnent atteinte à ces décrets, ou qui les affaiblissent, ou disent que leur autorité n'est pas bien établie, qu'ils ne sont point approuvés, ou qu'ils ne regardent que le temps du schisme.

» III. Qu'ainsi l'usage de la puissance apostolique doit être réglé suivant les canons faits par l'esprit de Dieu et consacrés par le respect général ; que les règles, les mœurs et les constitutions reçues dans le royaume doivent être maintenues, et les bornes posées par nos pères demeurer inébranlables; qu'il est même de la grandeur du Saint-Siége apostolique que les lois et coutumes établies du consentement de ce siége respectable et des églises, subsistent invariablement.

» IV. Que, quoique le pape ait la principale part dans les questions de foi, et que ses décrets regardent toutes les églises et chaque église en particulier, son jugement n'est pourtant pas irréformable, à moins que le consentement de l'Eglise n'intervienne.

» Nous avons arrêté d'envoyer à toutes les églises de France et aux évêques qui y président par l'autorité du Saint-Esprit, ces maximes que nous avons reçues de nos pères, afin que nous disions tous la même chose, que nous soyons tous dans les mêmes sentiments, et que nous suivions tous la même doctrine. »

Innocent XI ne pouvait condamner ces quatre articles ; il n'en parla point, mais convaincu que le roi avait voulu, en cette rencontre, l'humilier et le blesser, il engagea certains écrivains à combattre les actes de l'assemblée, et refusa leurs bulles aux évêques qui en avaient fait partie. Alors, Louis XIV ne laissa point pénétrer en France les bulles adressées aux autres évêques, et laissa pendant dix ans un tiers des évêchés de France privés de leur premier pasteur. Bossuet eut la gloire de réconcilier la cour de Rome avec celle de France, en adressant à Innocent XII une lettre signée par tous les membres de l'assemblée, et lui faisant écrire par Louis XIV. Il profita de la circonstance pour obtenir la condamnation de plusieurs principes de morale trop relâchés, émis par des casuistes ignorants ou amateurs des subtilités. Un grand travail fut entrepris à ce sujet, relativement aux questions de l'usure, du probabilisme et de l'amour de Dieu, mais il ne devait le terminer que dix-huit ans plus tard, comme nous le verrons.

Jusque-là, le bien opéré par son zèle sur un vaste théâtre, sa conduite édifiante à la cour, ses prédications solennelles, ses études et ses écrits nous ont paru admirables en tout point. Cependant on ne connaîtrait pas Bossuet, si on ne le considérait qu'à ce point de vue ; pour avoir une connaissance approfondie de ses vertus et de son génie, de sa charité et de sa prudence, il faut le suivre dans le gouvernement de son diocèse de Meaux !

3.

V. — VIE DE L'ÉVÊQUE DE MEAUX.

Dès que l'affaire de la régale fut terminée, Bossuet se hâta de prendre possession de son diocèse et de s'occuper uniquement de ses nouvelles et saintes fonctions. Après quelques jours de retraite dans sa maison de campagne de Germigny, il ouvrit lui-même les exercices du carême par la cérémonie des Cendres. Dans un discours dont ses auditeurs furent émerveillés, il leur annonça sa ferme résolution de se consacrer à leur instruction religieuse, et de prêcher toutes les fois qu'il officierait dans sa cathédrale; jamais il ne faillit à cette promesse.

Son ami l'abbé de Rancé le reçut, pour la première fois, dans son monastère de la Trappe, où cet illustre pénitent réparait les égarements d'une jeunesse volage. Bossuet voulait s'instruire de ses devoirs épiscopaux, à cette sévère école, ranimer sa piété par les exemples de tant de saints religieux voués à une vie plus céleste qu'humaine. Pendant huit jours, il s'associait à toutes leurs pratiques, mangeait à leur table leurs grossiers aliments, ne buvait que de l'eau, pratiquait l'abstinence, assistait aux offices de la nuit, et édifiait les religieux par sa régularité. Avant l'heure des vêpres, il se promenait, sur le bord d'un étang, avec l'abbé de Rancé et lui demandait le fruit de ses méditations sur la Sainte Ecriture, ou tel point de doctrine controversé entre les théologiens. Huit fois, pendant le cours de son épiscopat, il revint passer une semaine à la Trappe, le lieu du monde, disait-il, où il se plaisait le plus après son diocèse. Le silence, la solitude, la célébration solennelle des offices, le chant du *Salve Regina* le plongeaient dans une douce mélancolie et reposaient son âme du tracas des affaires. L'abbé de Rancé attendait avec impatience les visites du grand évêque et les regardait comme de véritables grâces de la Providence ; se sentant près de sa fin, il s'écriait : Je mourrai content, si je puis le voir ici encore une fois et recevoir sa sainte bénédiction.

Parmi les moines de la Trappe, Bossuet distingua le frère Armand, gentilhomme protestant converti par la lecture de ses ouvrages de controverse, et résolut ses doutes sur certains points de notre croyance. C'est à lui qu'il adressa sa *Lettre sur l'adoration de la croix*, pour lui expliquer la raison des honneurs rendus au signe de notre rédemption et le sens du mot *adorer* : « L'Eglise, en montrant la croix, a ramassé sous cette simple figure toutes les merveilles de la mort de Jésus-Christ. Là, comme dans un langage abrégé, tout ce que le Sauveur a fait pour nous se retrace à notre cœur et à notre pensée. Des volumes entiers ne rempliraient pas ce qui est exprimé par ces deux signes, par celui *de la croix*, qui nous dit tout ce que nous devons à Jésus-Christ, et par celui de nos soumissions, qui exprime au-dehors tout ce que nous sentons pour lui.

« Quels honneurs ne rend-on pas en public à l'Evangile ? Les protestants eux-mêmes prêtent leurs serments sur le livre de l'Evangile. Par ces honneurs on témoigne son attachement, non pas à l'encre et au papier, mais à la vérité éternelle qui nous y est représentée. Je n'ai encore trouvé personne d'assez insensés pour accuser ces pratiques d'idolâtrie. Je demande à présent : Qu'est-ce donc que la croix, sinon l'abrégé de l'Evangile, tout l'Evangile sous un seul signe et un seul caractère ?

» Il ne faut qu'une seule chose pour confondre les esprits contentieux : c'est que le culte extérieur n'est qu'un langage pour signifier ce qu'on ressent au-dedans. Si donc à la vue de la croix tout ce que je sens pour Jésus-Christ se réveille, pourquoi à la vue de la croix ne donnerais-je pas toutes les marques extérieures de mes sentiments ? Les protestants traitent ce culte de superstitieux, parce qu'il n'est pas commandé ; et ils sont si grossiers, qu'ils ne songent pas que le

fond de ces sentiments étant commandé, les marques si convenables que nous employons pour les exciter ne peuvent être
que louables et agréables à Dieu et aux hommes... Voilà
pour ce qui regarde *les choses*, après quoi c'est une trop
basse chicane de disputer *des mots*. En particulier, celui
d'*adorer* a une si grande étendue, qu'il est ridicule de le condamner sans en avoir déterminé tous les sens. On *adore* Dieu,
et en un certain sens on n'*adore* que lui seul. »

Le ministre protestant Jurieu avait répandu un mauvais
écrit sur l'Eucharistie. Aussitôt Bossuet publia, comme réfutation, son *Traité de la communion sous les deux espèces*, où il
prouve que l'usage actuel des catholiques de ne recevoir la
sainte Eucharistie que sous l'espèce du pain est conforme à la
pratique et aux sentiments des premiers fidèles, qu'il est une
conséquence de notre croyance à la présence réelle et peut se
justifier par les paroles de saint Paul, en outre qu'il est basé
sur ces quatre coutumes fort anciennes : la communion des
malades, la communion des enfants, la communion dans les
maisons et la communion publique. Deux ministres ayant
entrepris de lui répondre, il leur adressa sa *Défense de la
tradition de la communion sous une espèce*, où il les confond
par leurs aveux et les réduit à l'impossibilité de contredire
ses preuves. Tout en reconnaissant que l'Eglise a toujours
permis la communion sous une seule espèce, il trouvait bon,
par principe de tolérance, qu'on la donnât sous les deux
espèces aux nouveaux convertis, pour ne pas les éloigner du
sein de la véritable Eglise.

En mettant la main à l'administration de son diocèse, il
s'occupa en premier lieu du séminaire de Meaux, où bientôt
fleurirent l'amour de l'étude, la discipline et la pratique des
vertus sacerdotales. Il voulait à tout prix habituer de bonne
heure les élèves à parler en public, et regardait cet exercice
comme le plus important de l'éducation cléricale, répétant
sans cesse que le ministère de la parole est le véritable ministère confié à l'Eglise par Jésus-Christ pour la conversion des
hommes. A ses curés, réunis tous les ans dans un synode,

il recommandait les discours simples et sans vaines figures de rhétorique : « Abandonnez-vous, disait- il, aux seuls mouvements de la charité chrétienne, et l'Esprit-Saint vous inspirera les paroles que vous devez dire. Ce n'est pas l'homme qui parle, qui agit, mais Dieu seul qui se fait entendre par son organe, et qui agit seul par sa grâce toute-puissante. » Lui-même donnait l'exemple de cette prédication véritablement apostolique; pendant son épiscopat à Meaux, il n'écrivait point ses magnifiques sermons sur les mystères de la religion, se contentant d'indiquer le texte et les principales divisions du sujet. Avant de monter en chaire, il s'enfermait dans sa chambre et méditait, à genoux et nu-tête, quelques chapitres de l'Evangile.

Malgré ses infirmités, il trouva, même dans sa vieillesse, la force de continuer ses instructions habituelles, dans sa cathédrale. La dernière fois qu'il parla à son peuple, il l'exhorta à la fréquente communion, et comme averti de sa fin prochaine, il s'écria : « Je veux que vous vous souveniez qu'un certain évêque, votre pasteur, qui faisait profession de prêcher la vérité et de la soutenir sans déguisement, a recueilli en un seul discours les vérités capitales de votre salut. »

Les missions pour la conversion des protestants lui paraissaient capables de produire d'heureux fruits de salut; aussi appela-t-il bientôt Fénelon, l'abbé Fleury et les pères de l'Oratoire, pour l'aider dans sa pieuse entreprise. Non content d'admettre Fénelon dans son intimité, il l'associait ainsi à ses œuvres de zèle. Il s'occupa spécialement des conférences ecclésiastiques, instituées par ses prédécesseurs, mais peu suivies et mal organisées par suite de l'esprit de relâchement qui se glisse dans les meilleures institutions si l'on n'y prend garde; il s'occupa lui-même des matières qui en devaient être le sujet, assista régulièrement aux réunions et apprit au clergé de la campagne à se servir d'un langage tout à la fois familier et évangélique dans les instructions adressées aux ignorants.

Quoique accablé de travaux de tous genres, Bossuet a toujours passé pour un des évêques les plus assidus à visiter leurs diocèses. Ce génie ne craignait pas de descendre dans les plus misérables chaumières, de prêcher dans les moindres hameaux, d'examiner en personne les moindres détails de l'administration ecclésiastique, des pauvres ressources des églises et des confréries instituées dans les paroisses. Aucune fatigue ne l'arrêtait dans ses courses apostoliques faites le plus souvent pendant la mauvaise saison, parce qu'il lui était plus facile, à cette époque de l'année, de voir les paysans délivrés de leurs travaux et de les instruire. Tous ceux qui recevaient ainsi la visite du bon évêque racontaient à leurs enfants avec quelle tendresse et quelle douceur il prêchait au peuple ; ils ne croyaient pas avoir entendu le plus grand orateur de son siècle, mais ils le proclamaient le meilleur des pères !

Le soin des malades et des pauvres attirait son attention toute particulière ; non content de visiter souvent les hôpitaux, d'y laisser d'abondantes aumônes, il s'assurait par lui-même de leurs ressources et du bon emploi qui en était fait, indiquant les meilleurs moyens de soulager les malheureux. Dans une année de disette, il multiplia tellement ses largesses, que son économe fut obligé de lui conseiller un peu de modération. Il répondit simplement : « Pour les diminuer, je n'en ferai rien ; et pour faire de l'argent en cette occasion, je vendrai tout ce que j'ai. » Afin de s'assurer que personne ne souffrait de la faim, il assistait à la distribution des aumônes réparties entre tous les pauvres qui se présentaient à sa porte.

Dans ses rapports intimes avec ses prêtres, Bossuet conservait une mansuétude qui lui attirait tous les cœurs, sachant récompenser le mérite et corriger les abus avec une délicatesse qui n'offensait personne. Chaque année, il les réunissait en synode, leur adressait des remontrances générales sur la réforme des mœurs et le maintien de la discipline, sans jamais adresser même indirectement des remontrances particulières. Il faut, disait-il, qu'un évêque instruise plutôt que de faire des procédures : on n'appelle point de la parole de Dieu ; et de fait, envers les coupables de quelques fautes, il employait la douceur et non les moyens de rigueur, faisait appel à la conscience plutôt qu'à l'autorité. C'est bien le meilleur mode de gouvernement que celui de la persuasion.

Son *catéchisme* à l'usage du diocèse de Meaux, publié au synode de 1686, renferme toute l'exposition de la doctrine catholique, divisée en trois parties spéciales aux enfants, à ceux qui se préparent à la première communion et aux grandes personnes. Chaque âge y trouve des leçons convenables, à la portée des intelligences les plus paresseuses, car Bossuet savait se faire tout à tous et parler à chacun le langage qui lui convenait. Aux parents il confiait la première éducation de leurs enfants et le soin de leur enseigner le catéchisme : « Il n'y a point de père ni de mère de famille, disait-il, qui ne doive souvent repasser son catéchisme, et le relire avec attention. Les principes de la religion chrétienne, contenus dans le catéchisme, ont cela de grand, que plus on les relit, plus on y découvre de vérités. » A la publication si importante du catéchisme, il ajouta celle des *Prières ecclésiastiques*, ou recueil d'oraisons faciles à retenir, de méthodes pour bien entendre la messe et sanctifier toutes les actions de la journée. Il les composa, comme il l'annonce dans la préface, afin « d'aider les plus ignorants qui ne sont pas en état de faire de plus hautes méditations ; les plus pauvres, qui n'ont pas le moyen d'acheter d'autres livres ; et enfin les plus occupés, qui n'ont pas le temps de faire de longues lectures. » Rien n'échappait à sa sollicitude pastorale ; et les protestants, comme nous le verrons dans une étude spéciale, avaient autant de part que les catholiques à ses bienfaits et à sa charité.

Les religieuses, cette intéressante partie de son troupeau, trouvèrent en lui un directeur éclairé et un conseiller prudent, toujours prêt à les entendre, comme s'il eût été uniquement occupé d'elles. On trouve dans sa correspondance plus de sept cents lettres de direction adressées à de simples religieuses, qui font voir sa connaissance de la vie intérieure et

son habileté à conduire les âmes à la perfection, son inalté-
rable patience à résoudre les peines de conscience de ces
naïves religieuses, et son indulgence envers leurs petits
travers. Comment pouvait-il trouver les loisirs suffisants pour
écrire tant de lettres, composer tant d'ouvrages, entreprendre
tant de pieuses fondations? On a toujours assez de temps lorsqu'on sait bien l'employer. C'est pour les religieuses qu'il
écrivit deux de ses plus beaux livres : les *Elévations sur les
mystères* et les *Méditations sur l'Evangile*. Ceux qui ne les ont
das lus, au dire de La Harpe, ne connaissent pás tout Bossuet.
Dans le premier, il étudie la religion depuis sa naissance jusqu'à la prédication de Jésus; dans le second, il étudie les
vérités apportées au monde par notre divin Sauveur; dans
tous les deux, il fait aimer la morale chrétienne, la religion
et les hommes.

En travaillant au bien spirituel des communautés, Bossuet
se préoccupa de faire rentrer sous sa juridiction celles qui s'y
étaient dérobées, et à réformer certains usages introduits par
le relâchement ou la mollesse. Henriette de Lorraine, abbesse
de Jouarre, refusa de se soumettre et de sacrifier une indépendance qui flattait son aristocratique orgueil, malgré l'arrêt
du parlement qui l'avait déclarée soumise à l'autorité épiscopale. Bossuet ne fléchit point et maintint ses droits avec calme
et douceur, et les fit prévaloir. Une nouvelle abbesse, madame
de Soubise, imagina de s'attribuer à elle seule la faculté de
recevoir les nouvelles religieuses, au lieu d'avoir recours aux
élections de toute la communauté, selon la règle. Bossuet
lui écrivit en ces termes : « Ne vous laissez pas tromper par
ceux qui veulent vous inspirer de plaider plutôt que d'obéir.
Nous avons un trop habile métropolitain pour entrer avec
moi dans ces discussions, dont il n'a non plus à se mêler que
de la conduite de mon séminaire; et d'ailleurs trouvera-t-il
mauvais que je me conforme aux usages de son diocèse, à
l'exemple de la métropole? Si vous n'écoutez que Dieu seul
et votre conscience, vous m'écouterez. Ne croyez pas vous
abaisser en vous humiliant devant celui qui vous tient lieu

de Jésus-Christ. Ne croyez pas vous élever en lui résistant ;
car tout cela est du monde et de l'esprit de grandeur auquel
vous avez renoncé, et dont il ne faut pas garder le moindre
reste. Ne croyez pas que l'obéissance ne soit qu'en paroles,
comme si la reconnaissance de la supériorité ecclésiast'que
ne consistait qu'en compliments. Il faut en venir aux effets
quand on veut être vraiment religieuse et vraiment humble. »
Cette leçon suffit pour ramener l'abbesse à l'obéissance envers
son évêque.

Bossuet se livrait, même pendant la nuit, à ses études, afin
d'avoir l'esprit plus libre et plus dispos. Après un sommeil
de quatre heures, il se levait régulièrement ; et après la réci-
tation de matines et laudes, il s'installait devant son bureau
jusqu'à ce que la fatigue ou le sommeil l'obligeât à se remettre au lit. Durant les plus grands froids de l'hiver, il restait
fidèle à son habitude, aussi exactement qu'en été ; seulement
il avait soin de s'envelopper d'une peau d'ours et de deux
robes de chambre. Nous sommes redevables à ces veilles de
plusieurs écrits qu'il n'aurait pas eu le temps de composer
pendant le jour. Quand les ouvriers, en se rendant au travail,
avant l'aurore, apercevaient du feu dans la chambre de
Bossuet, ils se disaient : Voici l'étoile de notre bon évêque qui
se lève !

Il avait soin de ne pas perdre une minute de temps dans
les conversations inutiles, car il en connaissait tout le prix.
« Je suis fort peu régulier en visites, disait-il, ou plutôt je
suis assez régulier à n'en guère faire. On m'excuse parce
qu'on sait bien que ce n'est ni par gloire, ni par dédain, ni
par indifférence ; et moi, je me garantis d'une perte de temps
infini. » Quand il rendait les visites d'usage, il édifiait autant par sa gracieuse politesse que par son attention à ne
jamais dire un mot de sa personne ou de ses travaux : « On
doit parler de soi le moins qu'on peut ; on ne dit jamais que
des impertinences quand on parle de soi. » Son bonheur
consistait dans l'accomplissement de ses devoirs et dans une
application continuelle à l'étude ; à l'âge de soixante ans il

n'hésita pas à apprendre l'hébreu pour lire les Saintes Lettres dans la langue où elles furent écrites.

Dans son intérieur, il ne pensait pas seulement à ses livres, mais aussi à ses amis et à ses domestiques, qu'il réunissait chaque soir, à l'heure de la prière, et dont il protégeait toujours les intérêts. Parmi les personnes qui recherchèrent son amitié, il préféra celles qu'une conformité de vues et de vertus rendait plus utiles à l'Eglise. Les amis qu'il avait laissés à la cour ne l'oublièrent point, parce qu'ils s'étaient attachés sincèrement à lui et non à sa fortune. Parmi les principaux, on remarque le savant abbé Fleury; Malézieu qu'il plaça près du comte du Maine; Valincourt, le géomètre Sauveur, d'Ormessont, à qui il procura d'honorables emplois; Herbelot et Galland, les premiers orientalistes français; le liturgiste Renaudot; Pélisson, illustré par sa défense de Fouquet; La Bruyère, dont il distingua les talents; Boileau, dont il corrigea l'épître sur l'amour de Dieu; Racine, qu'il consola de l'indifférence des contemporains envers *Athalie;* le poète latin Santeuil, à qui il reprochait l'emploi des figures mythologiques dans ses hymnes; l'abbé de Saint-Luc, aumônier du roi; l'historien Cordemoi; l'abbé de Vares; Fénelon, avec qui il fut parfois en désaccord d'opinions, mais jamais de sentiments; le grand Condé. Toute cette phalange d'amis se plaisait à visiter le prélat, qui les recevait tendrement dans sa maison de campagne de Germigny, et, comme un souverain entouré de sa cour, il se promenait en illustre compagnie sur les bords de la Marne. Les étrangers de distinction sollicitaient la faveur d'être admis dans sa retraite et ne voulaient pas traverser la France sans avoir vu de près une de ses gloires les plus pures!

Les prédicateurs de quelque renom ne croyaient point avoir fait de progrès en éloquence tant qu'ils n'avaient pas mérité les éloges de Bossuet. Il prédit les succès de Bourdaloue et de Massillon, ses deux successeurs dans les principales chaires de Paris. Lorsque les ecclésiastiques lui adressaient, en chaire, des compliments trop flatteurs, il ne manquait

jamais de leur en témoigner son mécontentement ; un chanoine ayant parlé de sa prochaine promotion à la place de
commandeur du Saint-Esprit, il le blâma hautement de cette
fausse rumeur, disant qu'on lui faisait tort en tenant de sem-
blables discours à son sujet, comme si on ne connaissait pas
ses pensées à l'égard des honneurs mondains. Chaque jour, il
relisait ces paroles de saint Augustin pour se maintenir dans
l'humilité et la ferveur : « Je n'ai pas assez de présomption
pour oser me flatter de n'avoir donné à aucun de vous un
juste sujet de se plaindre de moi depuis que j'exerce les
fonctions de l'épiscopat. Si donc, accablé des soins et des embarras de mon ministère, je n'ai pas accordé audience à celui
qui me la demandait, ou si je l'ai reçu d'un air triste et chagrin ; si j'ai parlé à quelqu'un avec dureté ; si par mes réponses indiscrètes j'ai contristé le cœur de l'affligé qui implorait
mon secours ; si, distrait par d'autres pensées, j'ai différé ou
négligé d'assister le pauvre et lui ai témoigné par un regard
sévère être importuné de ses instances ; si enfin j'ai fait
paraître trop de sensibilité pour les faux soupçons qu'on formait contre moi ; et si, par un effet de la fragilité humaine,
j'en ai conçu moi-même d'injustes : Vous, hélas ! à qui je me
confesse redevable pour toutes ces fautes, pardonnez-les-moi,
je vous en conjure, et vous obtiendrez ainsi vous-mêmes le
pardon de vos péchés. » Dans toute sa vie privée, Bossuet
s'appliquait à retracer les exemples de saint François de
Sales et les enseignements de l'évêque d'Hippone ; à acquérir
la douceur de l'un et l'énergie de l'autre ; à montrer à ses
brebis la tendresse d'une mère et aux ennemis de l'Eglise le
courage d'un athlète.

VI. — BOSSUET ORATEUR ET HISTORIEN.

Depuis treize ans, Bossuet n'était point sorti de sa solitude pour prêcher aux grands les vanités de la terre, lorsque la mort de Marie-Thérèse, reine de France, l'obligea de prononcer une oraison funèbre, malgré son éloignement pour ces sortes de discours. L'éloge d'une princesse pieuse, détachée des plaisirs et des honneurs, mais étrangère à tout événement mémorable, présentait un sujet assez ingrat. Malgré les preuves de respect que lui donnait Louis XIV, qui s'écria en apprenant sa mort : « Depuis vingt-trois ans que je vivais avec elle, je n'ai point eu d'autre chagrin de sa part que celui de l'avoir perdue, » elle avait beaucoup souffert des infidélités de son royal époux et caché ses peines à tous les regards. Bossuet raconta cette vie simple et méritoire devant Dieu avec un accent ému, et présenta le contraste de ses grandeurs et de ses vertus.

« Par la prière, Marie-Thérèse attira toutes les vertus dans son âme. Dès sa première jeunesse elle fut, dans les mouvements d'une cour alors assez turbulente, la consolation et le seul soutien de la vieillesse infirme du roi son père. La reine sa belle-mère, malgré ce nom odieux, trouva en elle non-seulement un respect, mais encore une tendresse que ni le temps ni l'éloignement n'ont pu altérer. Aussi pleure-t-elle sans mesure, et ne veut point recevoir de consolation. Quel cœur, quel respect, quelle soumission n'a-t-elle pas pour le roi ! Toujours vive pour ce grand prince, toujours jalouse de sa gloire, uniquement attachée aux intérêts de son état, infatigable dans les voyages, et heureuse, pourvu qu'elle fût en sa compagnie ; femme enfin où saint Paul aurait vu l'Église occupée de Jésus-Christ, et unie à ses volontés par une éternelle complaisance. Si nous osions demander au grand prince qui lui rend ici avec tant de piété les derniers devoirs, quelle mère il a perdue, il nous répondrait par ses sanglots ; et je vous dirai en son nom, ce que j'ai vu avec joie, ce que je répète avec admiration, que les tendresses inexplicables de Marie-Thérèse tendaient toutes à lui inspirer la foi, la piété, la crainte de Dieu, un attachement inviolable pour le roi, des entrailles de miséricorde pour les malheureux, une immuable persévérance dans tous ses devoirs, et tout ce que nous louons dans la conduite de ce prince. Parlerai-je des bontés de la reine tant de fois éprouvées par ses domestiques, et ferai-je retentir encore devant ces autels les cris de sa maison désolée ? Et vous, pauvres de Jésus-Christ, pour qui seuls elle ne pouvait endurer qu'on lui dît que ses trésors étaient épuisés ; vous premièrement, pauvres volontaires, victimes de Jésus-Christ, religieux, vierges sacrées, âmes pures dont le monde n'était pas digne ; et vous, pauvres, quelque nom que vous portiez, pauvres connus, pauvres honteux, malades impotents, estropiés, « restes d'hommes, » pour parler avec saint Grégoire de Nazianze ; car la reine respectait en vous tous les caractères de la croix de Jésus-Christ : vous donc qu'elle assistait avec tant de joie, qu'elle visitait avec de si saints empressements, qu'elle servait avec tant de foi, heureuse de se dépouiller d'une majesté empruntée, et d'adorer dans votre bassesse la glorieuse pauvreté de Jésus-Christ : quel admirable panégyrique prononceriez-vous par vos gémissements à la gloire de cette princesse, s'il m'était permis de vous introduire dans cette auguste assemblée ? Recevez, père Abraham, dans votre sein, cette héritière de votre foi ; comme vous, servante des pauvres, et digne de trouver en eux, non plus des anges, mais Jésus-Christ même. Que dirai-je davantage ? Écoutez tout en un mot : fille, femme, mère, maîtresse, reine telle que nos vœux l'auraient pu faire ; plus que tout cela, chrétienne, elle accomplit tous ses devoirs sans présomption, et fut humble non-seulement parmi toutes les grandeurs, mais encore parmi toutes les vertus. »

Deux ans après avoir prononcé l'éloge de la reine, Bossuet eut à faire celui d'Anne de Gonzague, princesse palatine, célèbre dans les intrigues de la Fronde et ramenée à ses devoirs par une conversion presque miraculeuse. La Harpe appelle cette oraison funèbre le plus sublime de tous les sermons. On y voit en effet la fécondité et la force du génie de Bossuet plus clairement que dans les précédentes. Ce tableau de la cour d'Anne d'Autriche n'est il pas un chef-d'œuvre ?

« Pour la plonger entièrement dans l'amour du monde, il fallait ce dernier malheur : quoi ? la faveur de la cour. La cour veut toujours unir les plaisirs avec les affaires. Par un mélange étonnant, il n'y a rien de plus sérieux, ni ensemble de plus enjoué. Enfoncez : vous trouverez partout des intérêts cachés, des jalousies délicates qui causent une extrême sensibilité, et dans une ardente ambition des soins et un sérieux aussi triste qu'il est vain. Tout est couvert d'un air gai, et vous diriez qu'on ne songe qu'à s'y divertir. Le génie de la princesse palatine se trouva également propre aux divertissements et aux affaires. La cour ne vit jamais rien de plus engageant; et sans parler de sa pénétration, ni de la fertilité infinie de ses expédients, tout cédait au charme secret de ses entretiens. Que vois-je durant ce temps? Quel trouble! quel affreux spectacle se présente ici à mes yeux! La monarchie ébranlée jusqu'aux fondements, la guerre civile, la guerre étrangère, le feu au-dedans et au-dehors; les remèdes de tous côtés plus dangereux que les maux, les princes arrêtés avec grand péril, et délivrés avec un péril plus grand encore; ce prince que l'on regardait comme le héros de son siècle, rendu inutile à sa patrie dont il avait été le soutien, et ensuite, je ne sais comment, contre sa propre inclination, armé contre elle; un ministre persécuté, et devenu nécessaire, non-seulement par l'importance de ses services, mais encore par ses malheurs, où l'autorité souveraine était engagée. Que dirai-je? Etait-ce là de ces tempêtes, par où le ciel a besoin de se

décharger quelquefois? et le calme profond de nos jours
devait-il être précédé par de tels orages? Ou bien étaient-ce les
derniers efforts d'une liberté remuante, qui allait céder la
place à l'autorité légitime? Ou bien était-ce comme un travail
de la France prête à enfanter le règne miraculeux de Louis?
Non, non; c'est Dieu qui voulait montrer qu'il donne la mort
et qu'il ressuscite; qu'il plonge jusqu'aux enfers et qu'il en
retire; qu'il secoue la terre, et la brise, et qu'il guérit en un
moment toutes ses brisures. Ce fut là que la princesse palatine
signala sa fidélité, et fit paraître toutes les richesses de son
esprit. Je ne dis rien qui ne soit connu. Toujours fidèle à l'Etat
et à la grande reine Anne d'Autriche, on sait qu'avec le secret
de cette princesse elle eut encore celui de tous les partis :
tant elle était pénétrante, tant elle s'attirait de confiance, tant
il lui était naturel de gagner les cœurs! Elle déclarait aux
chefs de parti jusqu'où elle pouvait s'engager, et on la croyait
incapable ni de tromper ni d'être trompée. Mais son caractère
particulier était de concilier les intérêts opposés, et en s'éle-
vant au-dessus, de trouver le secret endroit, et comme le
nœud par où on les peut réunir. Que lui servirent ses rares
talents? que lui servit d'avoir mérité la confiance intime de
la cour? d'en soutenir le ministre deux fois éloigné, contre
sa mauvaise fortune, contre ses propres frayeurs, contre la
malignité de ses ennemis, et enfin contre ses amis, ou partagés,
ou irrésolus, ou infidèles? Que ne lui promit-on pas dans ces
besoins! Mais quel fruit lui en revint-il? sinon de connaître
par expérience le faible des grands politiques; leurs volontés
changeantes, ou leurs paroles trompeuses; la diverse face des
temps; les amusements des promesses; l'illusion des amitiés
de la terre, qui s'en vont avec les années et les intérêts; et
la profonde obscurité du cœur de l'homme, qui ne sait
jamais ce qu'il voudra, qui souvent ne sait pas bien ce qu'il
veut, et qui n'est pas moins caché ni moins trompeur à lui-
même qu'aux autres. O éternel roi des siècles, qui possédez
seul l'immortalité, voilà ce qu'on vous préfère, voilà ce qui
éblouit les âmes qu'on appelle grandes! »

Après ce passage justement admiré, il importe de citer encore une page sur l'indifférence en matière de religion ; elle n'est, hélas! que trop applicable à notre époque travaillée par cette maladie, la plus dangereuse des maladies morales : « Dieu a fait un ouvrage au milieu de nous, qui, détaché de toute autre cause, et ne tenant qu'à lui seul, remplit tous les temps et tous les lieux, et porte par toute la terre, avec l'impression de sa main, le caractère de son autorité : c'est Jésus-Christ et son Eglise. Il a mis dans cette Eglise une autorité, seule capable d'abaisser l'orgueil et de relever la simplicité ; et qui, également propre aux savants et aux ignorants, imprime aux uns et aux autres un même respect. C'est contre cette autorité que les libertins se révoltent avec un air de mépris. Mais qu'ont-ils vu ces rares génies, qu'ont-ils vu plus que les autres? Quelle ignorance est la leur! et qu'il serait aisé de les confondre, si, faibles et présomptueux, ils ne craignaient d'être instruits! Car pensent-ils avoir mieux vu les difficultés à cause qu'ils y succombent, et que les autres, qui les ont vues, les ont méprisées? Ils n'ont rien vu ; ils n'entendent rien ; ils n'ont pas même de quoi établir le néant, auquel ils espèrent après cette vie ; et ce misérable partage ne leur est pas assuré. Ils ne savent s'ils trouveront un Dieu propice ou un Dieu contraire. S'ils le font égal au vice et à la vertu, quelle idole! Que s'il ne dédaigne pas de juger ce qu'il a créé, et encore ce qu'il a créé capable d'un bon et d'un mauvais choix, qui leur dira, ou ce qui lui plaît, ou ce qui l'offense, ou ce qui l'apaise? Par où ont-ils deviné que tout ce qu'on pense de ce premier Etre soit indifférent, et que toutes les religions qu'on voit sur la terre lui soient également bonnes? Parce qu'il y en a de fausses, s'ensuit-il qu'il n'y en ait pas une véritable ; ou qu'on ne puisse plus connaître l'ami sincère, parce qu'on est environné de trompeurs? Est-ce peut-être que tous ceux qui errent sont de bonne foi? L'homme ne peut-il pas, selon sa coutume, s'en imposer à lui-même? Mais quel supplice ne méritent pas les obstacles qu'il aura mis par ses préventions à des lumières plus pures? où a-t-on pris que la peine et la récompense ne soient que pour les jugements humains, et qu'il n'y ait pas en Dieu une justice, dont celle qui reluit en nous ne soit qu'une étincelle? Que s'il est une telle justice souveraine, et par conséquent inévitable, qui nous dira qu'elle n'agisse jamais selon sa nature, et qu'une justice infinie ne s'exerce pas à la fin par un supplice infini et éternel? Où en sont donc les impies, et quelle assurance ont-ils contre la vengeance éternelle dont on les menace? Au défaut d'un meilleur refuge, iront-ils enfin se plonger dans l'abîme de l'athéisme, et mettront-ils leur repos dans une fureur qui ne trouve presque point de place dans les esprits? Qui leur résoudra ces doutes, puisqu'ils veulent les appeler de ce nom? Leur raison, qu'ils prennent pour guide, ne présente à leur esprit que des conjectures et des embarras. Les absurdités où ils tombent, en niant la religion, deviennent plus insoutenables que les vérités dont la hauteur les étonne; et pour ne vouloir pas croire des mystères incompréhensibles, ils suivent l'une après l'autre d'incompréhensibles erreurs.

« Qu'est-ce donc, après tout, qu'est-ce que leur malheureuse incrédulité, sinon une erreur sans fin, une témérité qui hasarde tout, un étourdissement volontaire, et en un mot un orgueil qui ne peut souffrir son remède, c'est-à-dire qui ne peut souffrir une autorité légitime? Ne croyez pas que l'homme ne soit emporté que par l'intempérance des sens. L'intempérance de l'esprit n'est pas moins flatteuse. Comme l'autre, elle se fait des plaisirs cachés, et s'irrite par la défense. Ce superbe croit s'élever au-dessus de tous et au-dessus de lui-même, quand il s'élève, ce lui semble, au-dessus de la religion, qu'il a si longtemps révérée; il se met au rang des gens désabusés : il insulte en son cœur aux faibles esprits, qui ne font que suivre les autres sans rien trouver par eux-mêmes; et devenu le seul objet de ses complaisances, il se fait lui-même son Dieu. »

Cette oraison funèbre fut suivie, à un intervalle de cinq mois, de celle de Michel Le Tellier, chancelier de France et excellent chrétien. Bossuet pleurait en lui un ami aussi

dévoué que fidèle ; il laissa un libre cours à sa douleur et se
borna à faire, avec le pinceau de Tacite, l'histoire de son
héros, et en même temps celle de son époque remarquable
par tant d'événements et de vicissitudes. Sans le nommer, il
traça ce portrait du cardinal de Retz : « Puis-je oublier celui
que je vois partout dans le récit de nos malheurs? Cet homme
si fidèle aux particuliers, si redoutable à l'Etat, d'un caractère si haut qu'on ne pouvait ni l'estimer, ni le craindre, ni
l'aimer, ni le haïr à demi ; ferme génie, que nous avons vu en
ébranlant l'univers s'attirer une dignité qu'à la fin il voulut
quitter comme trop chèrement achetée, ainsi qu'il eut le courage de le reconnaître dans le lieu le plus éminent de la
chrétienté, et enfin comme peu capable de contenter ses
désirs : tant il connut son erreur, et le vide des grandeurs
humaines. Mais pendant qu'il voulait acquérir ce qu'il devait
un jour mépriser, il remua tout par de secrets et puissants
ressorts : et après que tous les partis furent abattus, il sembla
encore se soutenir seul, et seul encore menacer le favori victorieux de ses tristes et intrépides regards. »

Lorsque la France déplora la mort du grand Condé, en 1686,
Louis XIV honora cette glorieuse mémoire par un service
solennel où tous les évêques et tous les grands de la cour
assistèrent, et ne trouva que Bossuet capable de louer son
ami et son admirateur. De l'aveu de tous les critiques, cette
oraison funèbre, avec celle de la reine d'Angleterre, forme la
plus belle production de l'éloquence française, et même de
l'éloquence humaine. Elle est dans la mémoire de tous les
jeunes gens, à qui on l'offre comme un modèle de goût, de
sentiment et de poésie ; plus d'un futur orateur a pleuré
d'enthousiasme en la lisant pour la première fois.

Le parallèle de Turenne et de Condé vaut à lui seul tout
un traité historique : « C'a été, dans notre siècle, un grand
spectacle de voir dans le même temps et dans les mêmes cam-
pagnes ces deux hommes, que la voix commune de toute
l'Europe égalait aux plus grands capitaines des siècles passés;
tantôt à la tête de corps séparés ; tantôt unis, plus encore par

le concours des mêmes pensées, que par les ordres que l'in
férieur recevait de l'autre ; tantôt opposés front à front, et
redoublant l'un dans l'autre l'activité et la vigilance : comme
si Dieu, dont souvent, selon l'Ecriture, la sagesse se joue
dans l'univers, eût voulu nous les montrer en toutes les formes, et nous montrer ensemble tout ce qu'il peut faire des
hommes. Que de campements, que de belles marches, que
de hardiesse, que de précautions, que de périls, que de ressources ! Vit-on jamais en deux hommes les mêmes vertus,
avec des caractères si divers, pour ne pas dire si contraires ?
L'un paraît agir par des réflexions profondes, et l'autre par de
soudaines illuminations : celui-ci par conséquent plus vif,
mais sans que son feu eût rien de précipité ; celui-là d'un
air plus froid, sans jamais rien avoir de lent, plus hardi à
faire qu'à parler, résolu et déterminé au-dedans, lors même
qu'il paraissait embarrassé au-dehors. L'un, dès qu'il paraît
dans les armées, donne une haute idée de sa valeur, et fait
attendre quelque chose d'extraordinaire ; mais toutefois
s'avance par ordre, et vient comme par degrés aux prodiges
qui ont fini le cours de sa vie : l'autre, comme un homme
inspiré, dès sa première bataille s'égale aux maîtres les plus
consommés. L'un, par de vifs et continuels efforts, emporte
l'admiration du genre humain, et faire taire l'envie : l'autre
jette d'abord une si vive lumière, qu'elle n'osait l'attaquer.
L'un enfin, par la profondeur de son génie et les incroyables
ressources de son courage, s'élève au-dessus des plus grands
périls, et sait même profiter de toutes les infidélités de la
fortune : l'autre, et par l'avantage d'une si haute naissance,
et par ces grandes pensées que le ciel envoie, et par une espèce
d'instinct admirable dont les hommes ne connaissent pas le
secret, semble né pour entraîner la fortune dans ses desseins
et forcer les destinées. Et afin que l'on vît toujours dans ces
deux hommes de grands caractères, mais divers, l'un emporté
d'un coup soudain, meurt pour son pays, comme un Judas
Macchabée, l'armée le pleure comme son père, et la cour et
tout le peuple gémit ; sa piété est louée comme son courage,

et sa mémoire ne se flétrit point par le temps : l'autre élevé par les armes au comble de la gloire comme un David, comme lui meurt dans son lit en publiant les louanges de Dieu et instruisant sa famille, et laisse tous les cœurs remplis tant de l'éclat de sa vie que de la douceur de sa mort. Quel spectacle de voir et d'étudier ces deux hommes, et d'apprendre de chacun d'eux toute l'estime que méritait l'autre ! »

Jamais l'éloquence de la douleur n'imaginera rien de comparable à l'appel que Bossuet, en terminant son discours, adressa d'une voix lamentable à toute l'assistance : « Venez, peuple, princes et seigneurs, et vous qui jugez la terre, et vous qui ouvrez aux hommes les portes du ciel, princes et princesses, nobles rejetons de tant de rois, lumières de la France, mais aujourd'hui obscurcies et couvertes de votre douleur comme d'un nuage ; venez voir le peu qui nous reste d'une si auguste naissance, de tant de grandeur, de tant de gloire. Jetez les yeux de toutes parts : voilà tout ce qu'a pu faire la magnificence et la piété pour honorer un héros, des titres, des inscriptions, vaines marques de ce qui n'est plus ; des figures qui semblent pleurer autour d'un tombeau, et des fragiles images d'une douleur que le temps emporte avec tout le reste ; des colonnes qui semblent vouloir porter jusqu'au ciel le magnifique témoignage de notre néant : et rien enfin ne manque dans tous ces honneurs, que celui à qui on les rend. Pleurez donc sur ces faibles restes de la vie humaine, pleurez sur cette triste immortalité que nous donnons aux héros. Mais approchez en particulier, ô vous qui courez avec tant d'ardeur dans la carrière de la gloire, âmes guerrières et intrépides. Quel autre fut plus digne de vous commander ? mais dans quel autre avez-vous trouvé le commandement plus honnête ! Pleurez donc ce grand capitaine, et dites en gémissant : « Voilà celui qui nous menait dans les hasards ; sous lui se sont formés tant de renommés capitaines, que ses exemples ont élevés aux premiers honneurs de la guerre · son ombre eût pu encore gagner des batailles ; et voilà que, dans son silence, son nom même nous anime, et ensemble il nous avertit que pour trouver à la mort quelque reste de nos travaux, et n'arriver pas sans ressource à notre éternelle demeure, avec le roi de la terre il faut encore servir le Roi du ciel. Servez donc ce Roi immortel et si plein de miséricorde, qui vous comptera un soupir et un verre d'eau donnés en son nom, plus que tous les autres ne feront jamais tout votre sang répandu ; et commencez à compter le temps de vos utiles services du jour que vous vous serez donnés à un maître si bienfaisant. Et vous, ne viendrez-vous pas à ce triste monument, vous, dis-je, qu'il a bien voulu mettre au rang de ses amis? Tous ensemble, en quelque degré de sa confiance qu'il vous ait reçus, environnez ce tombeau ; versez des larmes avec des prières, et admirant dans un si grand prince une amitié si commode et un commerce si doux, conservez le souvenir d'un héros dont la bonté avait égalé le courage. Ainsi puisse-t-il toujours vous être un cher entretien ; ainsi puissiez-vous profiter de ses vertus : et que sa mort, que vous déplorez, vous serve à la fois de consolation et d'exemple.

» Pour moi, s'il m'est permis après tous les autres de venir rendre les derniers devoirs à ce tombeau, ô prince, le digne sujet de nos louanges et de nos regrets, vous vivrez éternellement dans ma mémoire . votre image y sera tracée, non point avec cette audace qui promettait la victoire ; non, je ne veux rien voir en vous de ce que la mort y efface. Vous avez dans cette image des traits immortels · je vous y verrai tel que vous étiez à ce dernier jour sous la main de Dieu, lorsque sa gloire sembla commencer à vous apparaître. C'est là que je vous verrai plus triomphant qu'à Fribourg et à Rocroi ; et ravi d'un si beau triomphe, je dirai en action de grâces ces belles paroles du bien-aimé disciple : « La véritable victoire, celle qui met sous nos pieds le monde entier, c'est notre foi. » Jouissez, prince, de cette victoire ; jouissez-en éternellement par l'immortelle vertu de ce sacrifice. Agréez ces derniers efforts d'une voix qui vous fut connue. Vous mettrez fin à tous ces discours. Au lieu de déplorer la mort des autres, grand prince, dorénavant je veux apprendre de vous à rendre la

mienne sainte; heureux si, averti par ces cheveux blancs du
compte que je dois rendre de mon administration, je réserve
au troupeau que je dois nourrir de la parole de vie les
restes d'une voix qui tombe, et d'une ardeur qui s'éteint. »

Cette sainte ardeur devait, avant de s'éteindre, produire de
beaux ouvrages et remporter de glorieuses victoires sur les
ennemis de l'Eglise. Bossuet lisait un jour, en souriant de
pitié, le recueil de toutes les professions de foi des sectes protestantes, intitulé *Syntagma confessionum fidei*, véritable
chaos de contradictions et d'absurdités, lorsqu'il s'entendit
accuser par le ministre Labastide d'avoir lui-même varié dans
sa doctrine. Cette grossière calomnie lui fournit l'occasion de
terrasser son adversaire et toutes les erreurs du protestantisme; et au lieu d'une simple réponse, il publia son incomparable *Histoire des variations des églises protestantes*. Quiconque lit de bonne foi ce savant résumé de toutes les aberra-
tions, de tous les systèmes, de tous les changements de doctrine imaginés par les premiers réformateurs, Luther,
Mélanchthon, Bucer, Zuingle et Calvin, et modifiés plus tard
en tous sens par de nouvelles sectes, reconnaîtra nécessairement la fausseté de la religion protestante. On ne réplique
point à des faits historiques, à des preuves palpables, à
l'évidence!

Bossuet, en flétrissant l'hérésie, dépeignait les circonstances
et les personnes sans amertume et sans fiel, témoin ce portrait
de Luther « Les deux partis qui partagent la Réforme ont
également reconnu Luther pour leur auteur. Il est vrai qu'il
eut de la force dans le génie, de la véhémence dans ses
discours, une éloquence vive et impétueuse qui entraînait les
peuples et les ravissait; une hardiesse extraordinaire quand
il se vit soutenu et applaudi, avec un air d'autorité qui
faisait trembler devant lui ses disciples, de sorte qu'ils
n'osaient le contredire ni dans les grandes choses ni dans les
petites. Ce ne fut pas seulement le peuple qui regarda Luther
comme un prophète; les doctes du parti le donnaient pour
tel. Mélanchthon, qui se rangea sous sa discipline dès le com-

mencement de ses disputes, se laissa d'abord tellement persuader qu'il y avait en cet homme quelque chose d'extraordinaire et de prophétique, qu'il fut longtemps sans en pouvoir revenir, malgré tous les défauts qu'il découvrait de jour en jour dans son maître; et il écrivait à Erasme, en parlant de Luther : « Vous savez qu'il faut éprouver, et non pas mépriser les prophètes. » Cependant ce nouveau prophète s'emportait à des excès inouïs ; il outrait tout. Parce que les prophètes, par l'ordre de Dieu, faisaient de terribles invectives, il devint le plus violent de tous les hommes et le plus fécond en paroles outrageuses. Luther parlait de lui-même d'une manière à faire rougir tous ses amis. Enflé de son savoir, médiocre au fond, mais grand pour le temps, et trop grand pour son salut et pour le repos de l'Eglise, il se mettait au-dessus de tous les hommes, et non-seulement de ceux de son siècle, mais encore des plus illustres des siècles passés. »

La modération de Bossuet semble excessive, tant elle est charitable à l'endroit d'un homme si brutal, si insolent et si infâme. Elle est là même dans le portrait de Calvin : « Je ne sais si le génie de Calvin se serait trouvé aussi propre à échauffer les esprits et à émouvoir les peuples que le fut celui de Luther. Mais, après les mouvements excités, il s'éleva en beaucoup de pays, principalement en France, au-dessus de Luther même, et se fit le chef d'un parti qui ne cède guère à celui des luthériens. Par son esprit pénétrant et par ses décisions hardies, il raffina sur tous ceux qui avaient voulu en ce siècle-là faire une Eglise nouvelle, et donna un nouveau tour à la réforme prétendue. Mais il est un point qui lui donna un grand crédit parmi ceux qui se piquaient d'avoir de l'esprit : c'est la hardiesse qu'il eut de rejeter les cérémonies beaucoup plus que n'avaient fait les luthériens. Calvin fut inexorable sur ce point; il condamnait Mélanchthon, qui attachait assez d'indifférence à la question des cérémonies; et si le culte que Calvin introduisit parut trop nu à quelques-uns, cela même fut un nouveau charme pour les beaux esprits, qui crurent par ce moyen s'élever au-dessus

des sens et se distinguer du vulgaire... Par ce moyen, Calvin
raffina au-dessus des premiers auteurs de la nouvelle réforme.
Le parti qui porta son nom fut extraordinairement haï par
tous les autres protestants, qui le regardèrent comme le plus
fier et le plus inquiet qui eût encore paru... Calvin fit de
grands progrès en France, et ce grand royaume se vit à la
veille de périr par les entreprises de ses sectateurs; de sorte
qu'il fut en France à peu près ce que Luther fut en Allemagne.
Ceux qui ont rougi des injures que l'arrogance de Luther lui
a fait écrire, ne seraient pas moins étonnés des excès de
Calvin... Catholiques et luthériens, rien n'est épargné; auprès de cette violence, Luther était la douceur même; et, s'il
faut faire la comparaison de ces deux hommes, il n'y a personne qui n'aimât mieux essuyer la colère impétueuse et
insolente de l'un, que la profonde malignité et l'amertume
de l'autre, qui se vante d'être de sang-froid quand il répand
tant de poison dans ses discours. » On sait que Calvin fit
mourir sur un bûcher le malheureux Michel Servet, qui
s'était permis de professer une doctrine opposée à celle du
réformateur. Telle est la tolérance protestante!... Après avoir
retracé la longue suite des variations des protestants, Bossuet
dépeint l'immobilité de l'Église catholique dans ses principes
et ses croyances : « Ce qu'elle enseigne aujourd'hui, elle l'enseignait hier ; elle l'enseignait dès les premiers jours du christianisme. Elle a toujours parlé un langage uniforme; et dans
toutes les questions émises sur des points de doctrine, elle a si
bien dit d'abord tout ce qu'il a fallu dire pour assurer la foi
des fidèles, qu'il n'a jamais fallu, je ne dis pas varier, mais
délibérer de nouveau, ni s'éloigner du premier plan.. Les
variations de la réforme nous ont fait voir ce qu'elle était,
c'est-à-dire un royaume désuni, divisé contre lui-même, et
qui doit tomber tôt ou tard pendant que l'Église catholique, immuablement attachée aux décrets une fois prononcés,
sans qu'on y puisse montrer la moindre variation depuis
l'origine du christianisme, se fait voir une Église bâtie sur
la pierre, toujours assurée d'elle-même, ou plutôt des pro-

messes qu'elle a reçues, ferme dans ses principes, et guidée par un e prit qui ne se dément jamais. » Que dirait Bossuet, aujourd'hui, du protestantisme partagé en des milliers de sectes ennemies les unes des autres, sans symbole, sans corps de doctrine, sans principes de foi ni de morale, unies seule· ment par leur haine commune pour la vérité et le catholicisme, tombées dans l'indifférence pratique, le socinianisme et le doute universel, comme il avait prédit?

Plusieurs ministres protestants entreprirent de répondre à Bossuet, mais ils ne réussirent qu'à se couvrir eux-mêmes de ridicule et de confusion. Bossuet publia une *Défense de l'Histoire des Variations*, où il leur prouva, par les propres aveux d'un illustre protestant, Bayle, autour des *Avis aux réfugiés*, tout ce qu'il avait avancé sur leurs variations. Il rendait ainsi compte de leurs prétendues apologies : « Cette réponse est venue avec toutes les duretés que M. Burnet nous a promises ; et s'il ne faut que des malhonnêtetés pour le satisfaire, il a sujet d'être content : M. Basnage a bien répondu à son attente. Mais savoir si sa réponse est solide et ses raisons soutenables, cet essai le fera connaître. Nous reviendrons, s'il le faut, à M. Jurieu : les écrits où l'on m'avertit qu'il répand sur moi tout ce qu'il a de venin, ne sont pas encore venus à ma connaissance; je les attends avec joie, non-seulement parce que les injures et les calomnies sont des couronnes à un chrétien et à un évêque, mais encore comme un témoignage de la faiblesse de sa cause. » Les protestants reprochèrent à leurs ministres de s'être montrés si maladroits, si embarrassés en face de leur adversaire, et les sommèrent de mieux défendre leur cause. Pour se tirer de cet embarras, Jurieu lança plusieurs lettres pastorales à ses coreligionnaires, où, à bout de ressources, il déclara que le protestantisme variait réellement, parce que le christianisme avait toujours varié.

Bossuet avait beau jeu contre un tel argument et il réduisit en poussière toutes les inepties du présomptueux et grossier Jurieu, dans six *Avertissements* adressés aux lecteurs du

4.

ministre. Dans le premier, il convainquit Jurieu de mensonge et de calomnies; dans le second, il détruisit ses difficultés : « M. Jurieu voudrait que je lui apprisse comment s'accorde le libre arbitre, ou le pouvoir de faire ou de ne pas faire, avec la grâce efficace et les décrets éternels. Faible théologien, qui fait semblant de ne pas savoir combien de vérités il nous faut croire, quoique nous ne sachions pas toujours le moyen de les concilier ensemble! Que dirait-il à un socinien qui lui demanderait d'expliquer comment s'accorde l'Unité de Dieu avec la Trinité? Entrera-t-il avec lui dans cet accord, et s'engagera-t-il à lui expliquer le secret incompréhensible de l'être divin? Ne croirait-il pas l'avoir vaincu en lui montrant que ces deux choses sont également révélées, et, par conséquent, malgré qu'il en ait, et malgré la petitesse de l'esprit humain, qui ne peut les concilier parfaitement, qu'il faut bien que l'infinité immense de l'être de Dieu les concilie et les unisse. »

Le troisième avertissement réfute la maxime fondamentale de Jurieu, qui ne reconnaissait que l'Ecriture Sainte pour juge des questions de foi. Il contient tous les motifs, tant de fois expliqués depuis, qui doivent faire rejeter ce faux principe. Comment les simples fidèles peuvent-ils distinguer les livres qui doivent composer la Bible, qu'ils veulent prendre pour règle de foi?... Cette objection forçait Jurieu d'admettre que chaque individu est *illuminé,* ou qu'il faut recourir, comme font les catholiques, à l'autorité de l'Eglise. Le quatrième avertissement traite de la sainteté du mariage, horriblement profanée par Luther, qui avait permis au landgrave de Hesse d'épouser deux femmes à la fois, et condamne le divorce ouvert au libertinage par Jurieu : « C'est une règle inviolable parmi nous, dit Bossuet, de ne point permettre les secondes noces à l'une des deux parties, qu'après que les preuves de la mort de l'autre sont constantes. On n'a point égard aux captivités ni aux absences les plus longues. Les papes, que la réforme veut regarder comme les auteurs du relâchement, n'ont jamais laissé affaiblir cette discipline.

L'Eglise parle toujours pour l'absent, et ne permet pas qu'on l'oublie, ni qu'on mette au rang des morts celui pour qui le soleil se lève encore. »

Le meilleur traité de politique se trouve dans le cinquième avertissement. Bossuet y montre l'esprit de révolte et d'anarchie, la souveraineté du peuple et la théorie du contrat social opposés aux principes et à la pratique constante de l'Eglise, qui a toujours prêché la soumission aux pouvoirs temporels, et a souffert les plus terribles persécutions plutôt que de se révolter contre ses oppresseurs. Les démagogues contemporains, qui reprochent aux partisans de l'autorité d'être les flatteurs des souverains, feraient bien de peser cette observation de Bossuet : « Tout flatteur, quel qu'il soit, est toujours un animal traître et odieux. Mais s'il fallait comparer les flatteurs des rois avec ceux qui vont flatter dans le cœur des peuples ce secret principe d'indocilité et cette liberté farouche qui est la cause des révoltes, je ne sais lequel serait le plus honteux. Les gens d'un caractère si bas, sous prétexte de flatter les peuples, sont en effet les flatteurs des usurpateurs et des tyrans. Le peuple se laisse flatter et reçoit le joug. C'est à quoi aboutit toujours la souveraine puissance dont on le flatte ; et il se trouve que ceux qui flattaient le peuple sont en effet les suppôts de la tyrannie. C'est ainsi que les Etats monarchiques se font des maîtres plus impérieux que ceux qu'on leur fait quitter sous prétexte de les affranchir ; les lois, qui devaient servir de rempart à la liberté publique, s'abolissent, et le prétexte d'affermir une domination naissante rend tout plausible. » Ainsi s'évanouit la doctrine de ceux qui prétendent, avec Jurieu, que le peuple, maître de la souveraineté, est libre de la donner ou de l'ôter quand il lui plaît. La Révolution française a écrit, en caractères de sang, l'histoire de la souveraineté du peuple !

Une sublime exposition du dogme catholique sur le mystère de la Trinité ouvre le sixième avertissement. Puis Bossuet montre à Jurieu les conséquences de ses erreurs et lui annonce qu'il arrivera, lui et ses successeurs, à *l'art de décroire;* c'est-à-dire à nier tous les mystères, et à s'abîmer dans le matérialisme. En effet, les protestants de nos jours ne *protestent* plus contre la vérité, parce qu'ils ne croient plus à rien : *Impius, cùm in profundum venerit, contemnit...*

VII. — L'AFFAIRE DU QUIÉTISME ET DES PROTESTANTS.

Après avoir publié une *Explication de l'Apocalypse,* corrigé les opinions d'Ellias Dupin sur les saints Pères, Bossuet, sentinelle infatigable de la religion, écrivit ses *Maximes et Réflexions sur la Comédie,* pour paralyser les effets pernicieux d'une apologie des spectacles attribuée à un théatin. Par l'autorité des philosophes anciens, des docteurs de l'Eglise et en particulier de saint Thomas, il condamna les spectacles comme un outrage à la pudeur et un encouragement aux passions mauvaises ; il démontra l'impossibilité où l'on sera toujours de rendre le théâtre innocent et honnête ; et par là même la sagesse de la religion, quand elle prohibe cet amusement coupable, où l'homme applaudit le vice et raille la vertu. Déjà il avait répondu à Louis XIV, qui lui demandait son opinion sur la comédie : « Sire, il y a de grands exemples pour, et de fortes raisons contre ! »

Une circonstance malheureuse de sa vie, celle où il lui fallut combattre Fénelon, son disciple et son ami, doit être racontée ici en peu de mots, car l'affaire du quiétisme, qui eut jadis un grand retentissement, ne présente plus aucun intérêt au lecteur, sinon au point de vue historique. Les théologiens nomment quiétistes, du mot latin *quies* ou repos, ceux qui enseignèrent que l'âme trouve un certain repos continuel dans la contemplation ou dans le pur amour. L'Espagnol Molinos

enseigna un quiétisme abominable par les conséquences qui
découlaient de ses faux principes, et fut condamné p.r le
Saint-Siége. Il n'était bruit, en France, que de cet étrange
scandale, lorsqu'on apprit que Jeanne Bouvier de la Motte,
veuve Guyon, retirée à Saint-Cyr, et honorée pour sa vertu
de l'estime de Fénelon, du duc de Beauvilliers et de madame
de Maintenon, professait un nouveau genre de quiétisme.
Elle rejetait les opinions de Molinos; mais, se créant un
idéal de perfection imaginaire, elle prétendait qu'un acte
continuel de contemplation et d'amour renfermait toutes les
vertus, et qu'une âme constituée dans cet état devait être in-
différente pour toutes les pratiques extérieures; elle croyait
son amour de Dieu assez désintéressé pour lui ôter la crainte
de l'enfer et le désir du ciel. Sa dévotion mystique trouva
beaucoup de partisans qui ne la comprirent pas, et péchèrent
par ignorance plutôt que par malice.

Bossuet fut chargé d'examiner ses écrits et sa vie manus-
crite, qu'elle lui remit avec confiance. Il y découvrit un
mélange confus d'extravagances, de puérilités et de rêveries,
qu'il blâma sévèrement. Madame Guyon obtint des commis-
saires pour examiner sa doctrine, et toujours éprise de ses
illusions, elle s'efforça de faire des prosélytes. Bossuet, qui
l'avait engagée à se renfermer dans sa retraite et à attendre
humblement la décision des censeurs, se déclara hautement
contre elle et la fit arrêter. Fénelon, convaincu de la pureté
d'intention de cette femme, s'offrit à expliquer les termes
dont elle se servait fort improprement et qui rendaient mal
ses pensées, mais Bossuet lui témoigna beaucoup de froideur,
ne répondit point à ses avances et se contenta d'étudier à
fond les meilleurs ouvrages mystiques, dans le dessein de
juger la question en connaissance de cause.

Le résultat des conférences tenues à Issy, entre Bossuet,
Fénelon, le cardinal de Noailles et Tronson, fut de présenter
à Fénelon trente-quatre articles qu'il signa avec assurance, et
de rassurer ainsi ses amis, qui tremblaient à la pensée de le
voir compris dans la condamnation des œuvres de madame

Guyon. Bossuet voulut le consacrer archevêque de Cambrai, et lui témoigna beaucoup d'affection, mais un froissement d'amour-propre allait bientôt amener entre eux une rupture.

Bossuet, alarmé des dangereuses rêveries de madame Guyon, qui, « avec de belles paroles, réduisait la piété à des choses vaines, la faisait consister en phrases, en rabattait tous les motifs, et pesait des principes d'où l'on tirait des conséquences affreuses, » les condamna dans son livre intitulé : *Les états d'oraison*. Cette réfutation directe des nouvelles doctrines mystiques fut approuvée par plusieurs évêques et répandue dans tous les diocèses. Bossuet voulut à tout prix avoir l'approbation de Fénelon, mais celui-ci la refusa, sous prétexte qu'on avait trop malmené une personne vertueuse, au lieu de combattre simplement son mysticisme. Bossuet, blessé au vif par ce refus, en témoigna son dépit par d'amères railleries : « Tout le monde va donc voir, dit-il, que M. de Cambrai est le protecteur de madame Guyon ! Ce soupçon, qui le déshonorait dans le public, va donc devenir une certitude ! Quel scandale ! quelle flétrissure ! » Il alla même jusqu'à le nommer le Montan de cette nouvelle Priscille ; plaignons cette faiblesse et cet excès de rancune dans un grand homme !

Fénelon exposa son opinion sur les doctrines controversées dans son livre des *Maximes des saints*, où, tout en condamnant l'acte continuel de contemplation prôné par madame Guyon, il admettait la doctrine de l'état habituel du pur amour, qu'il croyait conforme aux pratiques des saints (1).

(1) L'auteur d'une *Histoire de Bossuet* publiée à Lille, et l'auteur d'une autre histoire publiée à Tours, se sont copié mutuellement plus d'une fois, ou ont copié un tiers écrivain. Tous deux, à propos du *quiétisme*, nous donnent cette phrase dans les mêmes termes : « Plus Fénelon avait apporté d'attention à écarter tout ce que la doctrine de Molinos avait d'odieux et de révoltant, plus les maximes qu'il en avait conservées, quelque adoucies qu'elles parussent, pouvaient avoir des conséquences dangereuses, par la piété même dont elles étaient empreintes. » Ce seul exemple suffit (*Hist. de Bossuet*, par F.

Bossuet, après en avoir pris connaissance, trouva un grand nombre de propositions condamnables dans cet ouvrage; il partagea les sentiments des ennemis de l'archevêque de Cambrai, et ne craignit pas de dénoncer au roi le *fanatisme de son confrère*. Aussitôt Louis XIV exila Fénelon, ne voulut plus entendre parler de lui ni de ses amis, et somma le souverain Pontife de condamner au plus tôt les *Maximes des saints*.

Bossuet opposa à l'ouvrage de Fénelon des écrits entièrement contraires, et ne cessa, pendant dix-huit mois, d'attaquer son adversaire. Il publia la *Relation du quiétisme*, où il le traitait avec peu d'égards et même de dignité, préférant à la charité la satisfaction d'étaler son esprit. Fénelon, qui avait lui-même soumis son livre à l'examen du pape, montra la plus admirable patience pendant l'espèce de persécution qu'on lui suscitait, et ne répondit à Bossuet qu'autant que ses amis le pressaient de repousser certaines imputations malveillantes. Lorsque la cour romaine eut condamné, par un bref spécial, le livre des *Maximes des saints*, il se soumit à l'autorité du Saint-Père avec la plus grande humilité, condamna lui-même son ouvrage, en public, dans la chaire de sa cathédrale et par un mandement adressé à tous ses prêtres. Il n'y eut en France qu'une seule voix pour approuver sa noble conduite et son obéissance !

Lorsque Bossuet rendit compte de l'affaire du quiétisme à l'assemblée du clergé, tenue en 1700, il cita textuellement le mandement de Fénelon et rendit enfin hommage à la soumission du pieux archevêque. Le chancelier d'Aguesseau entretint le premier tribunal de France des vertus de Fénelon, que le pape remercia de son côté du bel exemple qu'il avait donné à tout l'univers catholique. Si nous avons à reprocher à Bossuet trop de rigueur dans l'affaire du quiétisme, il ne

J. L., *quatrième* édition, page 165; *Hist. de Bossuet*, par J.-J. E. Roy, *huitième* édition, page 194.) Il est vrai, une fois de plus, que les beaux esprits se rencontrent, surtout les uns après les autres !.....

faut pas oublier que la faute en est surtout à son indigne neveu, l'abbé Bossuet, à qui, par un étrange aveuglement de l'esprit de népotisme, il portait la plus vive affection. A la fin de sa vie, il osa même le demander pour son coadjuteur. Ce jeune ecclésiastique se trouvait à Rome et fut chargé par son oncle de présenter, à la cour romaine, les rapports nécessaires avant le jugement sur le quiétisme; par son ignorante et vaniteuse légèreté, il causa beaucoup de chagrins au tendre Fénelon, le *cygne de Cambrai*. Il importe de savoir que Bossuet n'hésita pas à faire toutes les démarches pour amener entre lui et Fenelon une réconciliation entière : ils avaient combattu avec l'intention de faire leur devoir; après le combat, ils ne pouvaient pãs être rivaux ni ennemis.

Elu conservateur des priviléges de l'Université de Paris, conseiller d'Etat et premier aumônier de la duchesse de Bourgogne, Bossuet perdit, en 1699, le dernier de ses six frères, et ce coup inattendu le rendit insensible à tous les honneurs. « Dieu m'a tout ôté, répétait-il, et je me trouve si seul, qu'à peine je puis me soutenir. »

L'année suivante, il dut néanmoins faire trêve à sa douleur pour prendre une part active aux délibérations de l'assemblée du clergé. Il adressa au roi deux éloquents mémoires, sur l'*Etat présent de l'Eglise*, et sur *la morale relâchée*, qui amenèrent la condamnation des jansénistes et des casuistes trop laxistes. « Les évêques, dit-il, manqueraient au plus essentiel de leurs devoirs, et comme évêques, et comme sujets, s'ils ne prenaient soin d'informer le plus juste de tous les rois du péril extrême de la religion entre deux partis opposés, dont l'un est celui des jansénistes, et l'autre celui de la morale relâchée. Le jansénisme nous paraît principalement par une infinité d'écrits latins et français qui viennent des Pays-Bas. On y demande ouvertement la révision de l'affaire de Jansénius et des constitutions d'Innocent XI et d'Alexandre VII. On y blâme les évêques de France de les avoir acceptées et de faire encore aujourd'hui servir cette acceptation de modèle dans l'affaire du quiétisme. On y renouvelle les propositions les plus condamnées du même Jansénius, avec des tours plus artificieux et plus dangereux que jamais. Pour la morale relâchée, elle se déclare ouvertement dans les écrits d'une infinité de casuistes modernes, qui ne cessent d'enchérir les uns sur les autres, sous prétexte d'une prétendue probabilité qui, étant née au siècle passé, fait de si terribles progrès qu'elle menace l'Eglise de son entière ruine, si Dieu la pouvait permettre. Ce mal est d'autant plus dangereux, qu'il a pour auteurs des prêtres et des religieux de tous ordres et de tous habits, qui, ne pouvant déraciner les désordres qui se multiplient dans le monde, ont pris le mauvais parti de les excuser et de les déguiser, et qui s'imaginent encore rendre service à Dieu en gagnant les âmes par une fausse douceur. Quoi qu'il en soit, le mal est constant; et deux cents opinions proscrites depuis trente ans par la Sorbonne, par les autres universités, par les évêques et par les papes même, ne le rendent que trop certain. » Heureux siècle que celui de Louis-le-Grand, qui s'occupait aussi bien des intérêts de la morale et de la foi que de ceux de son trône.

Le jour même de la clôture de l'assemblée, Bossuet prêcha en présence de l'infortuné Jacques II, roi d'Angleterre, chassé, avec la reine, de son royaume par les rebelles de 1688. Ce sermon n'a pu malheureusement être conservé à notre admiration ; on le regrette quand on lit les Memoires de l'abbé Ledieu : « La péroraison commençait par une prière touchante adressée à Dieu, par laquelle il demandait les bénédictions du ciel pour le roi, la reine, le prince de Galles et la princesse sa sœur. Il appuya les espérances que le roi devait avoir de remonter sur le trône pour l'intérêt de la religion ; il releva son courage par la toute-puissance de Dieu, dont il rapporta des exemples aussi consolants que touchants pour de tels auditeurs. Il commença par David, simple berger, depuis exilé chez ses ennemis, chassé même de chez eux, et ensuite élevé sur le trône ; Joas, encore au berceau, sauvé des fureurs d'Athalie, élevé dans le temple sous la main de Dieu, et de là conduit sur le trône, sans guerre, sans commotion, sans d'autre sang répandu que celui de la sanguinaire Athalie; Louis d'outre-mer, réfugié, revient prendre possession du trône de ses pères. On devine facilement les réflexions et les motifs d'espérance et de consolation que Bossuet fit sortir d'un tel exemple, par la conformité et le contraste même qu'il offrait avec la situation où se trouvait le jeune prince de Galles.

« Il faisait apparaître la toute-puissance de Dieu opérant sans cesse toutes les merveilles de la grâce sur les cœurs, non-seulement pour les détacher d'eux-mêmes, mais encore de toutes les grandeurs du monde. Là, sans paraître parler au roi et à la reine de leur affliction, il faisait voir pour leur consolation que cette toute-puissance de Dieu se faisait sentir particulièrement dans les tribulations et les infortunes; qu'alors l'esprit humain ne trouvant plus de ressources à ses maux, elle se plaisait à opérer ses plus grandes merveilles, pour apprendre à la créature sa dépendance du créateur. Tout le discours était d'une sublime théologie, et partout également consolant pour des rois dans un si grand malheur, sans jamais néanmoins trop arrêter leurs regards et leur pensée sur l'abîme de leur chute, mais leur montrant toujours des miracles de la toute-puissance de Dieu. On voyait passer de temps en temps comme des éclairs et des traits de la plus vive éloquence, et l'orateur revenait aussitôt au style simple et familier d'une homélie; car ce fut le caractère de ce discours, plein de la parole de Dieu et des exemples les plus familiers de l'Evangile. »

Dans d'intimes causeries, le bon roi Jacques II lui racontait qu'il avait eu plusieurs fois la pensée de l'attirer en Angleterre et de le mettre en rapport avec les chefs de l'Eglise anglicane. Bossuet avoua le bonheur qu'il aurait éprouvé à traverser les mers pour gagner quelques âmes a la vérité dans cette île de la Grande-Bretagne, autrefois nommée l'île des Saints. Il aimait à redire « qu'il se serait flatté de gagner bien des choses sur les Anglais, à cause du respect qu'ils avaient pour la sainte antiquité. » Dieu ne permit pas qu'il travaillât à la conversion des protestants d'outre-mer, parce qu'il le réservait pour le bien temporel et spirituel des protestants de France. Les rapports qu'il eut, pendant plusieurs années, avec ses frères égarés, nous montrent, sous un nouveau jour, sa charité et sa douceur.

Par la révocation de l'édit de Nantes, Louis XIV voulait porter un dernier coup à la secte protestante déjà fort affaiblie, et rétablir l'uniformité du culte et des croyances. Il annonça donc que tous les ministres protestants, dans un délai de deux mois, devraient ou abjurer leurs erreurs ou sortir de France, persuadé que tous imiteraient les soixante mille protestants du diocèse de Nîmes, dont la conversion se fit en trois jours. Tous ses conseillers et la France entière le remercièrent de cette mesure que l'opinion publique croyait propre à amener la pacification religieuse du royaume. L'illusion si chère au monarque et à ses sujets fut bientôt détruite. Le marquis de Louvois s'apercevant que les procédés de la douceur ne produisaient aucun fruit et que les protestants se révoltaient en grand nombre, usa des moyens de rigueur et châtia sévèrement les rebelles. Dans les Cévennes et le Vivarais on eut à déplorer des scènes sanglantes et des violences sans nom que Louis XIV déplora, bien loin de les autoriser.

On s'est plu à redire, sans aucune preuve, qu'il avait banni tous les protestants de son royaume, tandis qu'il tâchait de les y retenir, en employant le zèle des prêtres catholiques pour les convertir. Les excès qui suivent la révocation de l'édit de Nantes ne lui sont pas imputables, attendu qu'il lui était impossible de les prévenir. Quelques historiens de la réforme ont porté à trois cent mille le nombre des protestants refugiés dans les pays étrangers, chez les princes ennemis de la France; les calculs faits exactement par le duc de Bourgogne réduisent ce chiffre à soixante-sept mille sept cent trente-deux. Que l'on compare la conduite du gouvernement français avec celle des gouvernements protestants, qui chassèrent de leur territoire les prêtres et les catholiques, après

avoir épuisé sur eux les ressources de la torture et des mauvais traitements, pour les contraindre à apostasier, on reconnaîtra assurément que la France fut plus tolérante que les
autres nations.

Bossuet, dès qu'il eut appris la révocation de l'édit de
Nantes, songea à préserver son diocèse de toutes les rigueurs
qui affligèrent d'autres provinces, et il parvint à le pacifier
par le seul ascendant de sa douceur. Persuadé que les conversions s'opèrent par la grâce de Dieu, l'instruction et la patience, il institua des conférences publiques et particulières,
des missions et des lieux de refuges pour les protestants. Dans
chaque paroisse il plaça en outre un maître et une maîtresse
d'école chargés d'instruire ceux qui demandaient à rentrer
dans le sein de l'Eglise. Son diocèse dut à sa protection de ne
subir aucune exécution militaire, et de n'être troublé ni par
les révoltes ni par l'armée. Une famille Séguier, propriétaire
du château de la Charmoix, vomissait publiquement tant
d'injures contre l'autorité royale, que l'intendant fut contraint
de la mettre sous la surveillance de huit dragons. Bossuet
s'opposa à cette mesure de sévérité, obtint le renvoi des
soldats et fit conduire dans sa demeure épiscopale M. et madame Séguier, en répondant au gouverneur de leur soumission. Ces deux personnes, malgré leur irritation et leur en-
têtement, ne tardèrent pas à voir clairement la vérité d'une
religion qui inspirait une si noble conduite à leur évêque,
et ils l'embrassèrent sincèrement.

Bossuet ne se départit point de son extrême modération et
de sa douceur envers les protestants, au grand désespoir de
l'intendant, qui le conjurait de se montrer plus sévère. Lorsqu'il apprenait qu'ils étaient rassemblés dans quelque maison,
il s'y rendait à pied et se présentait à eux, en disant avec
une bonté sans égale . « Mes enfants, là où sont les brebis,
le pasteur doit y être. Mon devoir est de chercher les brebis
égarées et de les ramener au bercail. De quoi est-il question
aujourd'hui? » Et il leur adressait une instruction toute
paternelle sur leurs doutes, et souvent il en convertissait

plusieurs par ce simple procédé. Sans se décourager en face de l'obstination incompréhensible de quelques protestants, s'il ne pouvait gagner leurs âmes, il leur rendait du moins tous les services possibles, jusqu'à demander pour eux l'exemption des impôts et la restitution de leurs domaines.

Lorsque les nouveaux convertis furent prêts à recevoir la communion pascale, il leur écrivit une lettre pastorale sur les dispositions requises pour participer avec fruit à ce divin sacrement. Sans entamer aucune controverse, il réfuta les calomnies répandues par les ministres contre la véritable Eglise, et montra l'origine illégitime et ridicule du protestantisme à Meaux. « Souvenez-vous de Pierre le Clerc, cardeur de laine. Je ne le dis pas par mépris de la profession, ni pour avilir un travail honnête, mais pour taxer l'ignorance, la présomption et le schisme d'un homme qui, sans avoir de prédécesseur ou de pasteur qui l'ordonnât, sort tout-à-coup de sa boutique pour présider dans l'Eglise. C'est lui qui a formé l'Eglise prétendue réformée de Meaux, la première formée en France, en 1546. » Par conséquent il leur prouvait que les pasteurs de l'Eglise catholique étaient les seuls dépositaires de la vérité : « Vous n'avez pas pu vous empêcher, concluait-il, de reconnaître que j'étais à la place de ceux qui ont planté l'Evangile dans ces contrées. Je ne vous ai point annoncé d'autres doctrines que celle que j'ai reçue de mes saints prédécesseurs ; comme chacun d'eux a suivi ceux qui les ont devancés, j'ai fait de même. » Il demandait aux nouveaux convertis une assistance régulière aux offices et aux prédications de leur paroisse, et se chargeait de prévenir tous les embarras que la malice de leurs anciens coreligionnaires oserait leur susciter.

L'intendant du Languedoc, M. Lamoignon de Basville, consulta Bossuet sur certaines mesures assez douces qu'il se proposait d'employer, de concert avec plusieurs évêques, dans l'intérêt des protestants. Bossuet refusa toujours de les admettre, et soutint qu'il ne fallait, sous aucun prétexte, obliger les protestants à assister à la messe, mais leur laisser

toute liberté de conscience. Après beaucoup de discussions,
l'autorité civile se rangea de son avis et annonça à l'intendant
que « Sa Majesté, ayant reconnu que les voies d'exhortation
et de douceur font souvent plus d'effet que les autres moyens,
croyait qu'elles devaient être préférablement employées, et
qu'il fallait sur toute chose éviter que personne fût forcé
d'aller à la messe. » Les protestants, qui abusèrent plus tard
de cette tolérance dans la révolte des *camisards* du bas Languedoc, se plurent à parler de Bossuet, dans leurs discours et
dans leurs écrits, avec estime et respect. Ils l'appelaient un
prélat illustre, orné par Dieu d'une infinité de merveilleux
dons, pour lequel ils conserveraient toujours une vénération
particulière

Dans sa première *Instruction pastorale sur les promesses de
Jésus-Christ à son Eglise*, adressée aux nouveaux convertis,
Bossuet leur expliqua le sens des promesses divines, dont
l'Eglise catholique garde le souvenir comme un legs de son
fondateur et une garantie de la protection du ciel ; les trois
caractères de la véritable Eglise, qui consistent dans la
légitime succession des pasteurs, dans le même symbole et
l'administration des mêmes sacrements. Par ces paroles de
Jésus-Christ : *Je suis avec vous tous les jours jusqu'à la consom-
mation des siècles,* il leur démontra que toute société sujette
aux changements de doctrine et gouvernée par des pasteurs
illégitimes ne pouvait être l'Eglise de Jésus-Christ, et que les
hérétiques et les schismatiques, dont l'origine était purement
humaine, ne pouvaient se croire possesseurs de la vérité. Répondant à l'objection des réformés qui blâmaient l'emploi du
latin dans le chant et les cérémonies du culte, il établit que
cette langue est devenue la langue liturgique parce qu'elle ne
change pas, comme les langues vivantes, dont certains termes
prennent, dans la suite des temps, un sens littéralement
opposé à leur première signification. « D'ailleurs, ajoutait-il,
il ne tient qu'à vous, pendant que l'Eglise chante, d'avoir
entre vos mains les Psaumes, les Ecritures, les leçons, les
prières de l'Eglise traduits dans la langue que vous parlez et

que vous entendez. » Les catholiques, en effet, peuvent comprendre, par une traduction française toujours mise à côté du latin, les belles prières de l'Eglise, dont les cantiques de Marot, chantés jadis par les protestants, ne sont pas même une faible imitation !

En 1691, toute l'Europe espérait la réunion des protestants d'Allemagne à l'Eglise catholique, et par cet acte important la cessation des guerres de religion qui avaient troublé ce beau pays. L'empereur Léopold chargea Christophe Royas de Spinola, évêque de Neustadt, homme conciliant et doux, de poser les bases de la réconciliation dans des conférences établies entre les principaux ministres luthériens et quelques prélats catholiques. Le vertueux Spinola se mit à l'œuvre, en adoptant la méthode de Bossuet, qui consistait à écarter toute discussion secondaire et à exposer simplement les croyances de l'Eglise catholique. Pendant sept mois, il s'entretint de cette controverse avec le plus savant ministre luthérien, Molanus, abbé de Lokkum, et lui fit écrire les *Régles touchant la réunion générale de tous les chrétiens*. Bossuet, à qui il demanda conseil, examina l'œuvre de Molanus et y reconnut un désir sincère de revenir à la vraie foi ; après avoir conféré de cette affaire avec Louis XIV, qui lui témoigna tout son désir de la voir arriver à bonne fin, il encouragea l'évêque de Neustadt à poursuivre ses travaux.

L'abbesse de Maubuisson, qui avait quitté la Hollande et sa famille pour venir en France embrasser le catholicisme et la vie religieuse, souhaitait ardemment la conversion de sa sœur Sophie, duchesse de Hanovre, et lui envoyait tous les livres propres à éclairer son esprit. Cette correspondance se faisait secrètement par l'entremise de madame de Brinon, une des fondatrices de Saint-Cyr, et son amie intime, qui avait déjà servi utilement la cause de l'Eglise et amené des rapports suivis entre Leibnitz et Pellisson. Les lettres échangées entre les catholiques et les protestants lui étaient adressées. Dès qu'elle eut connaissance du projet de réunion entre les catholiques et les luthériens de Hanovre, elle exprima, à la duchesse Sophie, de la part de l'abbesse de Maubuisson, le désir de voir Bossuet chargé de la direction de cette saint: entreprise. La duchesse de Hanovre se hâta d'accepter la proposition et réclama le concours de Bossuet, dont elle avait lu les ouvrages, et en qui elle avait grande confiance. Bossuet lui répondit que l'Eglise. romaine pourrait accorder aux luthériens certaines modifications indifférentes en elles-mêmes dans la discipline, leur permettre la communion sous les deux espèces, comme ils le désiraient, mais qu'elle ne se relâcherait jamais sur les points de doctrine définie et ne capitulerait point sur le fond des dogmes reconnus par le concile de Trente.

Molanus et les autres ministres admirèrent la franchise de l'évêque de Meaux et lui firent parvenir leurs propositions. Il les examina pendant quatre mois, et répondit à chacune en particulier par un savant mémoire latin et français, que les princes et ies protestants d'Allemagne regardèrent avec raison comme un chef-d'œuvre de tolérance et de controverse. Tout présageait l'heureuse issue de cette négociation lorsque l'intervention de Leibnitz vint en paralyser les premiers effets ; on a peine à comprendre la conduite de cet illustre philosophe dans cette affaire, et comment avec toute sa science de théologien, de géomètre, d'historien, de jurisconsulte, il n'eut pas le courage de rompre avec les préjugés du protestantisme. L'erreur aveugle sans doute ses partisans, comme le crime, et ne leur laisse que juste assez d'intelligence pour défier la raison et. la vérité !

Leibnitz eut le tort de s'établir seul représentant du parti luthérien à l'exclusion du docteur Molanus, prêt à se rendre aux démonstrations de Bossuet ; puis, il souleva une foule d'objections déjà résolues à propos de l'infaillibilité de l'Eglise, de l'autorité du concile de Trente, avec une évidente mauvaise foi. Quand son adversaire le réduisait au silence, il avait recours à de puériles subtilités, à des ruses peu loyales, à de vains subterfuges. L'orgueil ne lui permit pas de s'avouer vaincu par la logique et la charité de Bossuet, avec qui il cessa de correspondre en 1701. Qui sait si son exemple n'empêcha pas la conversion de tout un peuple?...

Bossuet reprit le cours de ses instructions pastorales sur les promesses de Jésus-Christ à son Eglise, pour répondre au *Traité des préjugés faux et légitimes* du ministre Basnage, plein de calomnies à l'adresse de la religion catholique. Il les réfuta l'une après l'autre, avec une gracieuse éloquence, rappelant les principaux traits de l'histoire ecclésiastique et faisant jaillir la lumière du sein des ténèbres. Dans cet ouvrage, il condamnait indirectement les opinions singulières des jésuites Lecomte et Legobien sur l'antiquité de l'Eglise des Chinois, que la Faculté de Paris censura sévèrement. C'est pourquoi les protestants n'osèrent plus se mesurer avec lui, pour ne pas subir la honte d'une défaite; ceux d'entre eux qui ne se convertirent pas à cette époque pour divers motifs politiques, chérirent Bossuet comme un saint prélat et un charitable protecteur de tous les malheureux. C'est le propre de la vertu de s'attirer même les éloges de ses ennemis!

VIII. — MORT DE BOSSUET.

L'évêque de Meaux répétait parfois à ses amis qu'il ne comprenait pas l'attrait de la plupart des hommes pour les amusements ou les occupations frivoles. La vie lui semblait chose si sérieuse, le temps si précieux que jusqu'à son dernier soupir il ne cessa de travailler et de se rendre utile à l'Eglise, par ses immenses études sur toutes les branches de la science sacrée et profane.

Appelé un jour auprès d'un incrédule mourant, qui lui dit tout bas : « Vous voyez dans quel état je suis, et combien j'ai peu d'heures à vivre. Je tiens à vous faire une question, et votre réponse s'ensevelira avec moi dans le tombeau. Ce n'est pas l'évêque que j'interroge, c'est l'honnête homme. Sur votre honneur, dites-moi ce que vous pensez de la religion? » Bossuet se leva et répondit d'un ton grave et ému : « Je pense, Monsieur, qu'elle est certaine, et que je n'en ai jamais douté! » Cette foi profonde fut l'âme de sa vie entière, sa force et sa consolation.

En 1702, parut une *Version du Nouveau Testament*, recommandée par plusieurs théologiens et par le *Journal de Trévoux*, le *Moniteur universel* de l'époque. L'auteur, Richard Simon, savant orientaliste, mais orgueilleux et grand amateur de paradoxes, ne tendait à rien moins qu'à détruire les fondements de la révélation, dans un système pompeux qui en imposait à la foule. De son coup d'œil d'aigle, Bossuet devina tout le venin renfermé dans l'œuvre de Richard Simon, et la nomma un amas d'impiétés et un rempart de libertinage. Il écrivit au défenseur et à l'approbateur de l'ouvrage : « Je consentirais, Monsieur, à avoir pour l'auteur et pour les censeurs toute la complaisance possible, mais sans que rien puisse entrer en comparaison avec la vérité. Je suis assuré que vous ne serez pas plus d'humeur que moi à laisser passer tant de singularités affectées, tant de commentaires et de pensées particulières de l'auteur mises à la place du texte sacré, et, qui pis est, des erreurs, un si grand nombre d'affaiblissements des vérités chrétiennes, ou dans leur substance, ou dans leurs preuves, ou dans leurs expressions, en substituant celles de l'auteur à celles qui sont connues et consacrées par l'usage de l'Eglise. » Richard Simon, qui comptait sur ses protecteurs puissants à la cour, ne voulut pas se soumettre, et méprisa les avertissements paternels et secrets de l'évêque de Meaux.

Celui-ci, ne voyant pas d'autre moyen de venger la vérité et l'Evangile, publia, de concert avec l'archevêque de Paris, une instruction qui condamnait sévèrement l'œuvre de Richard Simon. Le chancelier de Pontchartrain, blessé des censures portées contre un livre qu'il avait autorisé fort légèrement, défendit de les publier. Bossuet, fort de son bon droit, témoigna hautement son indignation contre un pareil procédé, et écrivit au chancelier : « Depuis trente ou quarante ans que je défends la cause de l'Eglise contre toutes sortes d'erreurs, cinq chanceliers consécutifs, depuis M. Séguier jusqu'à celui qui remplit aujourd'hui cette grande place, ne m'ont jamais soumis à aucun examen pour obtenir leur privilége. Ils ont voulu honorer par là la grâce que Sa Majesté m'avait faite de me confier l'instruction de M. le Dauphin, et, si j'ose le dire, le bonheur que ma doctrine, loin d'avoir reçu aucune atteinte, a toujours eu, d'être approuvée par tout le clergé de France, et même par les papes. Il est malheureux pour moi d'être le premier des évêques dont on prétend assujétir une ordonnance et une instruction épisco·pale à une attestation d'examen. La première fois qu'on le verra dans mes écrits, arrivera justement au sujet du pernicieux livre de M. Simon ; et je n'ai pas besoin d'expliquer que cela pourra faire dire qu'on m'impute à faute de l'avoir attaqué. Enfin, sous un chancelier qui m'honore publiquement de son amitié depuis si longtemps, j'aurai reçu un traitement qui jamais ne me sera arrivé sous les autres qui auront été élevés à cette charge. » L'amour-propre de M. de Pontchartrain ne voulant point céder, Bossuet eut recours au roi, qui lui fit rendre justice et contraignit son ministre à autoriser l'impression de tous les ouvrages de l'évêque de Meaux, sans le secours d'aucune formalité !

Richard Simon, plein de rage, essaya vainement d'attaquer Bossuet par ses diatribes ; il fut réduit à se consoler par cette parole : « Il faut le laisser mourir, il n'ira pas loin. » Mais avant de mourir, Bossuet devait lui porter un dernier coup et flétrir ses grossières erreurs sur saint Augustin, l'*invariation* de l'Eglise catholique et sa participation aux fausses doctrines de Grotius. Dans ce but, il écrivit la *Défense de la*

tradition et des saints Péres, que la mort ne lui permit pas de
terminer, mais où l'on retrouve son génie dans toute sa
splendeur : c'était le chant du cygne!

Un grand-vicaire de Rouen publia, en 1703, un ouvrage intitulé *Cas de conscience*, que quarante docteurs approuvèrent,
sans comprendre, sans prévoir le piége où ils tombaient. La
voix de Bossuet s'éleva seule pour signaler le péril et demander aux docteurs une humble rétractation. Il se mit, malgré
ses souffrances, à composer un travail fort savant sur cette
affaire, voulant, disait-il, rendre un dernier service à l'Eglise ;
et le pape ne tarda pas à lui donner raison, en fulminant un
bref contre les *Cas de conscience*, et en le félicitant d'avoir
amené l'auteur à une entière conversion.

Les ennemis de l'Eglise, toujours vaincus par Bossuet, at-
tendaient avec impatience le moment où cette lumière de la
vérité cesserait d'éclairer le monde ; ils ne pouvaient commencer leur œuvre de destruction, pendant sa vie, et dans
le silence ils méditaient les œuvres abominables qui ont fait
du dix-huitième siècle l'époque néfaste de notre histoire.
Bossuet secouait sa vénérable tête, avec un profond sentiment
de tristesse, à la pensée des malheurs qu'il sentait devoir fon-
dre sur la France. « L'esprit d'incrédulité gagne tous les
jours dans le monde, écrivait-il à monseigneur Fleury ; et
vous pouvez m'en avoir souvent entendu faire la réflexion.
Mais c'est encore pis à présent, puisqu'on se sert de l'Evangile même pour corrompre la religion. Je ne puis que remer-
cier Dieu de ce qu'à mon âge il me laisse encore assez de
force pour résister à ce torrent. » Il prédit toutes les horreurs
de la Révolution.

Sa santé, exceptionnellement remarquable, commençait à
s'altérer et à subir les conséquences d'une longue vie séden-
taire et appliquée. Jusqu'à l'âge de soixante-quinze ans, il
avait lu le grec et le latin sans le secours des lunettes et
n'avait jamais été interrompu dans ses études par une indis-
position sérieuse. En 1699, un érysipèle qui couvrit son corps
de plaies ne l'empêcha pas de vaquer à ses exercices habi-

tuels et de se comparer, en plaisantant, au saint homme Job
sur son fumier. Au mois de novembre 1701, de vives douleurs, occasionnées par la terrible maladie de la pierre, que
la médecine ne savait pas encore guérir, lui causèrent les
plus vives douleurs. De célèbres médecins ne connurent point
d'abord la nature du mal et ne la déclarèrent point au
malade, lorsqu'ils ne purent plus se faire illusion. A l'aide
de palliatifs, ils parvinrent toutefois à éloigner tout péril
prochain de mort.

Bossuet, pendant l'année 1701, fit l'ordination et officia
pontificalement le jour de Noël, comme s'il n'eût éprouvé
aucun malaise; au commencement du carême, il demanda au
curé de Versailles la permission de faire gras, à cause de son
âge de soixante-quinze ans, donnant par-là un exemple de
soumission à la discipline ecclésiastique. Le 2 avril 1702, il
fit lui-même l'ouverture du jubilé de l'année sainte, et
adressa à tous ses diocésains une admirable lettre pastorale
sur le jubilé et les moyens de le gagner saintement. Au
moment où ses forces semblaient renaître et ses souffrances
diminuer, il songeait à la mort sans effroi et l'envisageait
avec bonheur comme une amie. Il récitait souvent le psaume
Deus, Deus meus respice in me, comme la meilleure des pré-
parations à la mort, puisqu'il renferme les paroles pronon-
cées par Notre-Seigneur dans son agonie et exprime la confiance que nous devons avoir en lui, confiance qui ne saurait
être trompée.

Il voulut tenir un dernier synode et faire ses adieux à tout
son clergé; après lui avoir recommandé de conserver fidèle-
ment le dépôt de la doctrine, de la discipline et des biens destinés aux pauvres : *O Timothee depositum custodi*, il s'écria
en se levant de son fauteuil : « Mes très chers frères, ces cheveux blancs m'avertissent que bientôt je dois aller rendre
compte à Dieu de mon ministère, et que ce sera peut-être aujourd'hui la dernière fois que je vous parlerai; je vous en
conjure par les entrailles de sa divine miséricorde, ne per-
mettez pas que tout ce que je viens de vous dire devienne

inutile dans ma bouche, et que le Seigneur puisse me reprocher, lorsque je paraîtrai devant lui, de n'avoir pas rempli envers vous les obligations de mon ministère. Faites en sorte, par votre conduite, que toutes les paroles que je vous ai annoncées dans mes instructions ne soient pas infructueuses. Je prends ce divin Sauveur à témoin que, pendant tout le cours de mon épiscopat, je n'ai jamais eu d'autre intention que de vous faire remplir dignement les devoirs d'un état aussi saint que le vôtre, et d'où dépend le salut des peuples qui vous sont confiés. J'espère que vous ne me refuserez pas la consolation que j'attends de vous, et que notre divin Maître ne nous reprochera pas à l'heure de notre mort, ni à vous de n'avoir pas profité de ce qu'il m'a inspiré, ni à moi d'avoir gardé un silence continuel, pendant tout le temps de mon administration, sur les devoirs de votre état. » Tous les assistants fondaient en larmes et demandaient à Dieu la conservation d'une vie si précieuse et si chère à l'Eglise.

A la fin de l'année 1702, ses souffrances devinrent plus violentes ; il les supportait avec résignation, et, dans les instants de calme, il traduisait les Psaumes en vers français. On fut enfin obligé de lui faire connaître qu'il était attaqué de la maladie de la pierre, et qu'il fallait recourir à l'opération douloureuse de la taille. En apprenant cette triste nouvelle, il écrivit sur-le-champ ce billet à son confesseur : « J'ai un extrême besoin, mon révérend père, que vous veniez ici au plus tôt pour me déterminer à la taille, qu'il faudra peut-être souffrir au premier jour. » Après avoir fait sa confession au père Damascène, religieux trinitaire, il entendit la messe et s'abandonna entre les mains de la Providence. L'opération, dont le succès paraissait fort incertain, n'eut pas lieu ; et toutes les ressources de la médecine parvinrent à prolonger sa vie pendant un an et à calmer ses douleurs.

Dès qu'il se trouvait seul dans sa chambre, il méditait l'Ecriture Sainte, les œuvres de saint Cyprien, d'Eusèbe, et l'Histoire ecclésiastique ; et quand les visiteurs se présentaient, il s'entretenait familièrement avec eux de la religion et des pratiques de piété. Il eut l'imprudence de se rendre à Versailles, le jour de l'Assomption 1703, pour y remplir ses fonctions d'aumônier de la duchesse de Bourgogne, et tomba gravement malade à la suite du voyage. Durant trois semaines, il fut entre la vie et la mort; chaque jour, les seigneurs et les personnages importants témoignèrent leur respect pour sa personne en s'informant de l'état de sa santé.

Reconduit à Paris, il se trouva beaucoup mieux qu'à Versailles, se remit au travail, reprit sa promenade journalière, en disant : « Je vois bien que Dieu veut me conserver. » Il se fit relire plusieurs de ses ouvrages et y ajouta quelques passages considérables; sa présence d'esprit demeura toujours parfaite; et au milieu de ses souffrances, il souhaitait de pouvoir travailler afin de ne pas tomber dans l'ennui. « Je sens bien, ajoutait-il, que je paierai cher la vie sérieuse que j'ai menée. Je n'ai jamais pu et je vois bien que je ne pourrai jamais m'amuser de tout ce qui remplit ordinairement la vie de la plupart des hommes. » Pendant les derniers jours, l'Evangile occupa constamment son esprit, et il en faisait de beaux commentaires à ses amis; il voulut entendre plus de soixante fois la lecture de l'Evangile de saint Jean. On l'écoutait, avec admiration et tristesse, parler du ciel, de la bonté de Dieu et des mystères de la religion. A chaque instant, il répétait ces paroles : « Non, mon Dieu, je ne puis croire que vous m'ayez donné inutilement cette confiance en votre bonté. Mon salut est infiniment mieux entre vos mains que dans les miennes. Je veux m'abandonner à vous sans retour sur moi-même; car on ne peut se voir sans vous, ô mon Dieu, qu'on ne tombe dans une espèce de désespoir. »

Il se disait heureux de mourir avec Jésus-Christ dans le temps de sa passion, et au plus fort de la crise du mal, il murmurait ces mots : « Mon Dieu, ayez pitié de moi... Que votre règne advienne; que votre volonté soit faite. » Son confesseur étant revenu près de lui, il lui exprima sa satisfaction de le savoir à ses côtés : « Je sens la machine se détruire : prions Dieu ensemble, afin qu'il me donne les grâces nécessaires pour souffrir avec patience et pour bien mourir. Prions souvent, mais peu à la fois, à cause de mes douleurs. Disons et redisons sans cesse l'Oraison dominicale ; c'est la véritable prière des chrétiens et la plus parfaite, puisqu'elle renferme tout. Arrêtons-nous particulièrement à ces paroles : Que votre volonté soit faite. » Quand on lui administra l'extrême-onction et le saint viatique, il répondit à toutes les prières avec une humilité touchante et récita le *Credo* d'une voix ferme.

Après plusieurs alternatives d'apparences de guérison et de rechutes, quelques personnes le félicitaient de l'amélioration de son état. « Cessez de me tromper, leur répondit-il avec douceur, que la volonté de Dieu soit faite : je sens toute ma faiblesse. » Une nuit, on crut sa dernière heure arrivée, et les assistants se mirent à genoux pour recevoir sa bénédiction suprême ; l'abbé Ledieu le remercia de ses bienfaits, et le conjura de se souvenir au ciel des amis qu'il laissait sur la terre et qui avaient toujours été dévoués à sa personne et à sa gloire. Entendant ce mot de *gloire*, Bossuet, prêt à paraître devant Dieu et occupé de son salut éternel, se souleva avec peine sur son lit, en disant : « Cessez ces discours ; demandez pour moi pardon à Dieu de mes péchés. » Et il continua, malgré ses douleurs de plus en plus intolérables, à prier à voix basse, à répondre aux prières des agonisants et à contempler l'image de Jésus-Christ.

Le 12 avril 1704, sans passer par les transes de l'agonie, Bossuet mourut à l'âge de soixante-treize ans. L'abbé de Saint-André lui ferma les yeux en s'écriant : « Mon Dieu, que de lumières éteintes ! et quel brillant flambeau de moins dans votre Eglise ! » Louis XIV, en apprenant cette perte, la déplora comme un malheur public et le peuple disait naïvement : Quel dommage qu'un si grand homme soit mort ! Le corps de Bossuet fut transféré à Meaux, où les larmes des fidèles et les regrets du clergé firent son éloge plus éloquemment que tous les discours prononcés, en son honneur, en France, à Rome, dans les académies et dans les chaires. Le monde avait estimé le savant prélat, les pauvres avaient béni le charitable pasteur; Dieu allait donner la couronne éternelle à son fidèle serviteur!...

DISCOURS DE BOSSUET

SUR L'ÉGLISE.

Le mystère de l'Evangile, c'est l'infirmité et la force unies, la grandeur et la bassesse assemblées. Ce grand mystère, Messieurs, a paru premièrement en notre Sauveur, où la puissance divine et la faiblesse humaine, s'étant alliées, composent ensemble ce tout admirable que nous appelons Jésus-Christ : mais ce qui paraît en sa personne, il a voulu aussi le faire éclater dans l'Eglise, qui est son corps, « où une partie triom-» phe par les miracles, l'autre succombe sous les outrages » qu'elle reçoit . » *Unum horum coruscat miraculis, aliud succumbit injuriis.* C'est pourquoi nous voyons, dans son Ecriture, que tantôt cette Eglise est représentée comme une maison bâtie sur une pierre immobile, et tantôt comme un navire qui flotte au milieu des ondes au gré des vents et des tempêtes : si bien qu'il paraît, chrétiens, qu'il n'est rien de plus faible que cette Eglise, puisqu'elle est ainsi agitée; et qu'il n'est rien aussi de plus fort, puisqu'on ne la peut jamais renverser, et qu'elle demeure toujours immuable, malgré les efforts de l'enfer. L'évangile de cette journée nous la représente « parmi les flots » *Erat navis in medio mari,* « portée deçà et delà par un vent contraire . » *Erat enim ventus contrarius.* Et, ce qui est de plus surprenant, c'est que Jésus, qui est son appui, semble l'abandonner à la tempête; il s'approche, « et il veut passer, » comme si son péril ne le touchait pas : *Et volebat præterire eos.* Toutefois, ne croyez pas qu'il l'oublie : il permettra bien que les flots l'agitent, mais non pas qu'ils la submergent, ni qu'ils l'engloutissent. Il commande aux vents, et « ils s'apaisent ; il entre dans le » navire, et il arrive sûrement au port : » *Ascendit in navim, et cessavit ventus, et applicuerunt ;* afin, Messieurs, que nous entendions qu'il n'y a rien à craindre pour l'Eglise, parce que le Fils de Dieu la protège. J'entreprends aujourd'hui de vous faire voir cette vérité importante ; et afin que vous en soyez convaincus plus facilement, je laisse les raisonnements recherchés, pour l'établir solidement par expérience.

Considérez, en effet, Messieurs, les trois furieuses tempêtes qui ont troublé l'état de l'Eglise. Aussitôt qu'elle a paru sur la terre, l'infidélité s'est élevée, et elle a excité les persécutions : après, la curiosité s'est émue, et elle a fait naître les hérésies ; enfin, la corruption des mœurs a suivi, qui a si étrangement soulevé les flots, « que la nacelle y a paru presque enveloppée. » *Ita ut navicula operiretur fluctibus.* Voilà, mes frères, les trois tempêtes qui ont successivement tourmenté l'Eglise. Les infidèles se sont assemblés pour la détruire par les fondements : les hérétiques en sont sortis pour lui arracher ses enfants, et lui déchirer les entrailles : et si enfin les mauvais chrétiens sont demeurés dans son sein, ce n'est que pour lui porter le venin jusque dans le cœur. Il faut donc, mes frères, que cette Eglise soit bien appuyée et bien fortement établie, puisqu'au milieu de tant de traverses, malgré l'effort des persécutions, elle s'est soutenue par sa fermeté ; malgré les attaques de l'hérésie, elle a été la colonne de la vérité ; malgré la licence des mœurs dépravées, elle demeure le centre de la charité. Voilà le sujet de cet entretien, et les trois points de cette méditatio.

PREMIER POINT.

Comme l'Eglise n'a plus à souffrir la tempête des persécutions, je passerai légèrement sur cette matière, et néanmoins je ne laisserai pas, si Dieu le permet, de toucher des vérités assez importantes. La première sera, chrétiens, qu'il ne faut pas s'étonner si l'Eglise a eu à souffrir, quand elle a paru sur la terre, ni si le monde l'a combattue de toute sa force : il était impossible qu'il ne fût ainsi; et vous en serez convaincus, si vous savez connaître ce que c'est que l'homme. Je dis donc que nous avons tous dans le fond du cœur un principe d'opposition et de répugnance à toutes les vérités divines; en telle sorte que l'homme laissé à lui-même, non-seulement ne peut les entendre, mais qu'ensuite il ne les peut souffrir; et qu'en étant choqué au dernier point, il est comme forcé de les combattre. Ce principe de répugnance s'appelle dans l'Ecriture, « Infidélité; » ailleurs, « Esprit de défiance, » ailleurs, « Esprit d'infidélité : » il est dans tous les hommes; et, s'il ne produit pas en nous tous ses effets, c'est la grâce de Dieu qui l'empêche.

Si vous remontez jusqu'à l'origine, vous trouverez, Messieurs, que deux choses produisent en nous cette répugnance : la première, c'est l'aveuglement; la seconde, la présomption. L'aveuglement, Messieurs, nous est représenté dans les Ecritures par une façon de parler admirable : elles disent que « les pécheurs ont oublié Dieu : » *Omnes gentes quæ obliviscuntur Deum : Obliti sunt verba tua inimici mei : Intelligite hæc, qui obliviscimini Deum.* Que veut dire cet oubli, mes frères? Il est bien aisé de le comprendre : c'est que Dieu, à la vérité, avait éclairé l'homme de sa connaissance; mais l'homme a fermé les yeux à cette lumière : il s'est laissé mener par ses sens; peu à peu il n'a plus pensé à ce qu'il ne voyait pas; il a oublié aisément ce à quoi il ne pensait pas. Voilà Dieu dans l'oubli; voilà ses vérités effacées : ne lui en parlez pas, c'est un langage qu'il ne connaît plus : *Obliti sunt verba tua inimici mei :* « Mes ennemis ont oublié vos paroles. » C'est pourquoi la même Ecriture, voulant aussi nous représenter de quelle sorte les hommes retournent à Dieu, nous dit qu' « ils se souviendront; » *Reminiscentur :* et ensuite qu'arrivera-t-il? *Et convertentur ad Domini :* « Ah! ils se convertiront au Seigneur. » Quoi! ils l'avaient donc oublié leur Dieu, leur Créateur, leur Epoux, leur Père! Oui, mes frères, il est ainsi; ils en ont perdu le souvenir. Cela va bien loin, si vous l'entendez : toute la connaissance de Dieu, toutes les idées de ses vérités; l'oubli, comme une éponge, a passé dessus, et les a entièrement effacées; ou, s'il en reste encore quelques traces, elles sont si obscures, qu'on n'y connaît rien : voyez durant le règne de l'idolâtrie, durant qu'elle régnait sur toute la terre.

Ce serait peu que ce long oubli pour nous exciter à la résistance, si l'orgueil ne s'y était joint : mais il est arrivé, pour notre malheur, que, quoique l'homme soit aveugle à l'extrémité, il est encore plus présomptueux. En quittant la sagesse de Dieu, il s'est fait une sagesse à sa mode : il ne sait rien et croit tout entendre; si bien que tout ce qu'on lui dit, qu'il ne conçoit pas, il le prend pour un reproche de son ignorance; il ne le peut souffrir, il s'irrite; si la raison lui manque, il emploie la force, il emprunte les armes de la fureur pour se maintenir en possession de sa profonde et superbe ignorance. Jugez où les vérités évangéliques, si hautes, si majestueuses, si impénétrables, si contraires au sens humain et à la raison préoccupée, ont dû pousser cet aveugle présomptueux, je veux dire l'homme; et quelle résistance il fallait attendre d'une indocilité si opiniâtre. Voyez-la par expérience en la personne de notre Sauveur. Qu'aviez-vous fait, ô divin Jésus! pour exciter contre vous ce scandale horrible! pourquoi les peuples se troublent-ils? pourquoi frémissent-ils contre vous avec une rage si désespérée? Chrétiens, voici le crime du Sauveur Jésus : Il a enseigné les vérités de son Père; ce qu'il a vu dans le sein de Dieu, il est venu l'annoncer aux hommes : ces aveugles ne l'ont pas compris, et ils n'ont pu le comprendre - *Animalis homo non potest intelligere* : « l'homme animal ne peut com-
» prendre les choses qui sont de l'Esprit de Dieu. » Ecoutez
» comme il leur reproche : «Pourquoi ne connaissez-vous pas
» mon langage? parce que vous ne pouvez pas prêter l'oreille
» à mon discours : » *Quare loquelam meam non cognoscitis? quia non potestis audire sermonem meum.*

Mais peut-être, ne l'entendant pas, ils se contenteront de le mépriser. Non, mes frères; ce sont des superbes : tout ce qu'ils n'entendent pas, ils le combattent; « tout ce qu'ils ignorent, ils le blasphèment. » C'est pourquoi Jésus-Christ leur dit : « Vous me voulez tuer, méchants que vous êtes, » parce que mon discours ne prend point en vous . » *Quæritis me interficere, quia sermo meus non capit in vobis.* Quelle

fureur, mes frères, d'entreprendre de tuer un homme, parce
qu'on n'entend pas son discours ! Mais il n'y a pas sujet de
s'en étonner , il parlait des vérités de son Père à des ignorants
opiniâtres : comme ils n'entendaient pas ce divin langage, car
il n'y a que les humbles qui l'entendent, ils ne pouvaient
qu'être étourdis de la voix de Dieu ; et c'est ce qui les ex-
citait à la résistance : plus les vérités étaient hautes, et plus
leur raison superbe était étourdie, et plus leur folle résistance
était enflammée. Il ne faut donc pas trouver étrange si Jésus
leur prêchant, comme il dit lui-même, « ce qu'il avait appris
» au sein de son Père, » ils se portent à la dernière fureur,
et se résolvent de le mettre à mort par un infâme supplice _
Quia sermo meus non capit in vobis.

Après cela, pouvez-vous douter de ce principe d'opposition,
qu'une ignorance altière et présomptueuse a gravé dans le
cœur des hommes contre Dieu et ses vérités ? Jésus-Christ l'a
éprouvé le premier   son Eglise paraissant au monde, pour
soutenir la même doctrine par laquelle ce divin maître avait
scandalisé les superbes, pouvait-elle manquer d'ennemis ?
Non, mes frères, il n'est pas possible, puisque la foi qu'elle
professe vient étonner le monde par sa nouveauté, troubler
les esprits par sa hauteur, effrayer les sens par sa sévérité,
qu'elle se prépare à souffrir Il faut qu'elle soit en haine à
tout le monde ; et vous le savez, chrétiens, c'est une chose incompréhensible, ce qu'a souffert l'Eglise de Dieu, durant près
de quatre cents ans, sous les empereurs infidèles. Il serait
infini de le raconter : concevez seulement ceci, qu'elle était
tellement chargée, et de la haine publique et des impréca-
tions de toute la terre, qu'on l'accusait hautement de tous
les désordres du monde. Si la pluie manquait aux biens de
la terre, si les barbares faisaient quelques courses et rava-
geaient, si le Tibre se débordait, les chrétiens en étaient la
cause et tout le monde disait qu'il n'y avait point de meilleure victime, pour apaiser la colère des dieux, que de leur
immoler les chrétiens « par tout ce que la rage et le désespoir
pouvaient inventer de plus cruel : » *Per atrociora ingenia
pœnarum.* Qu'aviez-vous fait, Eglise, pour être traitée de la
sorte? J'en pourrais rapporter plusieurs causes; mais celle-ci
est la principale   elle faisait profession de la vérité, et de la

vérité divine; de là ces cris de la haine, de là ces injustes persécutions : si l'Eglise en a été agitée, elle n'en a pas été surprise, elle sait bien connaître la main qui l'appuie, et elle se sent à l'épreuve de toutes sortes d'attaques.

Et à ce propos, chrétiens, saint Augustin se représente que les fidèles, étonnés de voir durer si longtemps la persécution, s'adressent à l'Eglise leur mère, et lui en demandent la cause : Il y a longtemps, ô Eglise, que l'on frappe sur vos pasteurs, et les troupeaux sont dispersés. Dieu vous a-t-il oubliée? Si ce n'eût été qu'en passant, (nous eussions pu penser que ce n'était qu'une épreuve : mais après) tant de siècles (de persécution, les maux vont toujours en croissant, et les scandales se multiplient); les vents grondent, les flots se soulèvent; vous flottez deçà et delà, battue des ondes et de la tempête; ne craignez-vous pas d'être abîmée? La réponse de l'Eglise est dans le psaume cent vingt-huit. Mes enfants, je ne m'étonne pas de tant de traverses, j'y suis accoutumée dès mon enfance . *Sœpe expugnaverunt me à juventute mea :* « Ces mêmes ennemis qui m'attaquent m'ont déjà persécutée » dès ma jeunesse. » L'Eglise a toujours été sur la terre; dès sa plus tendre enfance, elle était représentée en Abel, et il a été tué par Caïn, son frère : elle a été représentée en Enoch, et il a fallu le tirer du milieu des impies : *Translatus est ab iniquis :* sans doute parce qu'ils ne pouvaient souffrir son innocence la famille de Noé, il a fallu la délivrer du déluge; Abraham, que n'a-t-il pas souffert des impies? son fils Isaac, d'Ismaël? Jacob, d'Esaü? celui qui était selon la chair n'a-t-il pas persécuté celui qui était selon l'esprit? Moïse, Elie, les prophètes, Jésus-Christ et les apôtres (combien n'ont-ils pas eu à souffrir?) Par conséquent, mon fils, dit l'Eglise, ne t'étonne pas de ces violences *Sœpe expugnaverunt me à juventute mea : numquid ideo non perveni ad senectutem?* Regarde mon antiquité, considère mes cheveux gris; « ces » cruelles persécutions dont on a tourmenté mon enfance, » m'ont-elles empêchée de parvenir à cette vénérable vieil- » lesse? » Si c'était la première fois, j'en serais peut-être troublée; maintenant la longue habitude fait que mon cœur ne s'en émeut pas. Je laisse faire aux pécheurs; « ils ont » travaillé sur mon dos . » *Suprà dorsum meum fabricaverunt peccatores* · je ne tourne pas ma face contre eux, pour m'opposer à leur violence ; je ne fais que tendre le dos ; ils frappent cruellement, et je souffre sans murmurer : c'est pourquoi ils ne donnent point de bornes à leur furie : *Prolongaverunt iniquitatem suam.* Ma patience sert de jouet à leur injustice ; mais je ne me lasse point de souffrir, et je me souviens de celui « qui a abandonné ses joues aux soufflets, et n'a pas détourné sa face des crachats : » *Faciem meam non averti ab increpantibus et conspuentibus in me.* Quoique je semble toujours flottante, ne t'étonne pas ; la main toute-puissante qui me sert d'appui saura bien m'empêcher d'être submergée. Que si Dieu la soutient avec tant de force contre la violence, pourrez-vous croire, Messieurs, qu'il la laisse accabler par les hérésies ? Non, Messieurs, ne le croyez pas : c'est ma seconde partie.

SECOND POINT.

La seconde tempête de l'Eglise, c'est la curiosité qui l'excite ; curiosité, chrétiens, qui est la peste des esprits, la ruine de la piété, et la mère des hérésies. Pour bien entendre cette vérité, il faut remarquer, avant toutes choses, que la sagesse divine a donné des bornes à nos connaissances : car comme cette Providence infinie, voyant que les eaux de la mer se répandraient par toute la terre, et en couvriraient toute la surface, lui a prescrit un terme qu'il ne lui permet pas de passer ; ainsi, sachant que l'intempérance des esprits s'étendrait jusqu'à l'infini par une curiosité démesurée, il lui a marqué des limites auxquelles il lui ordonne d'arrêter son cours. « Tu iras, dit-il, jusque-là, et tu ne passeras pas plus » outre : » *Usque huc gradieris, et non procedes amplius; et hic confringes tumentes fluctus tuos.* C'est pourquoi Tertullien a dit sagement « que le chrétien ne veut savoir que fort peu » de choses, parce que, poursuit ce grand homme, les choses » certaines sont en petit nombre » *Christiano paucis ad scientiam veritatis opus est; nam et certa semper in paucis.* Il ne se veut pas égarer dans les questions infinies, qui sont défendues par l'Apôtre : *Infinitas quæstiones devita* : il se resserre humblement dans les points que Dieu a révélés à son

Eglise; et ce qu'il n'a pas révélé, il trouve de la sûreté à ne le savoir pas : il déteste la vaine science que l'esprit humain usurpe, et il aime la docte ignorance que la loi divine prescrit. « C'est tout savoir, dit-il, que de n'en pas savoir davantage : » *Nihil ultra scires, omnia scire est.*

Quiconque se tient dans ces bornes, et sait régler sa foi par ce qu'il apprend de Dieu par l'Eglise, ne doit pas appréhender la tempête ; mais la curiosité des esprits superbes ne peut souffrir cette modestie : « Ses flots s'élèvent, dit l'Ecriture, » ils montent jusqu'aux cieux, ils descendent jusqu'aux » abîmes : » *Exaltati sunt fluctus ejus; ascendunt usque ad cœlos, et descendunt usque ad abyssos.* Voilà une agitation bien violente ; c'est une vive image des esprits curieux : leurs pensées, vagues et agitées, se poussent, comme des flots, les unes les autres; elles s'enflent, elles s'élèvent démesurément : il n'y a rien de si élevé dans le ciel, ni rien de si caché dans les profondeurs de l'enfer, où ils ne s'imaginent de pouvoir atteindre : *Ascendunt usque ad cœlos;* et les conseils de sa Providence, et les causes de ses miracles, et la suite impénétrable de ses mystères, ils veulent tout soumettre à leur jugement · *Ascendunt.* Malheureux, qui, s'agitant de la sorte, ne voient pas qu'il leur arrive comme à ceux qui sont tourmentés par la tempête : *Turbati sunt, et moti sunt sicut ebrius :* « Ils sont » troublés comme des ivrognes ; » la tête leur tourne dans ce mouvement . *Et omnis sapientia eorum devorata est :* » Là toute leur sagesse se dissipe ; et ayant malheureusement perdu la route, ils se heurtent contre des écueils, ils se jettent dans des abîmes, ils s'égarent dans des hérésies. Arius, Nestorius, votre curiosité vous a perdus ! Voilà la tempête élevée par la curiosité des hérétiques : c'est par là qu'ils séduisent les simples; parce que, dit saint Augustin : « Toute âme » ignorante est curieuse : » *Omnis anima indocta curiosa est :* cela est nouveau, écoutons : la manière (dont on propose cette doctrine) nous plaît. Arius, Nestorius, etc., pourquoi cherchez-vous ce qui ne se peut pas trouver ? « Il n'est pas » permis de chercher au-delà de ce qu'il nous est permis de » trouver : » *Amplius quærere non licet, quàm quod inveniri licet.*

Pour empêcher les égarements de cette curiosité pernicieuse, le seul remède, mes frères, c'est d'écouter la voix de l'Eglise, et. de soumettre son jugement à ses décisions infaillibles. Je parle à vous, enfants nouveaux-nés que l'Eglise a engendrés · c'est sur la fermeté de cette Eglise qu'il faut appuyer vos esprits, qui seraient flottants sans ce soutien. Etes-vous curieux de la vérité? voulez-vous voir? voulez-vous entendre? Voyez et écoutez dans l'Eglise : *Sicut audivimus, sic vidimus* : « Nous » avons ouï, et nous avons vu, » dit David ; et où? *in civitate Domini virtutum* : « en la cité de notre Dieu ; » c'est-à-dire en sa sainte Eglise. « Celui qui est hors de l'Eglise, dit saint » Augustin, quelque curieux qu'il soit, de quelque science » qu'il se vante, il ne voit ni n'entend : quiconque est dans » l'Eglise, il n'est ni sourd ni aveugle : » *Extra illum qui est, nec audit, nec videt; in illa qui est, nec surdus, nec cæcus est.* Donc, s'il est ainsi, chrétiens, que notre curiosité n'aille pas plus loin. L'Eglise a parlé ; c'est assez : cet homme est sorti de l'Eglise ; il prêche, il dogmatise, il enseigne. Que dit-il ? que prêche-t-il ? quelle est sa doctrine? O homme vainement curieux ! je ne m'informe pas de sa doctrine : il est impossible qu'il enseigne bien, puisqu'il n'enseigne pas dans l'Eglise. Un martyr illustre, un docteur très éclairé, saint Cyprien (va vous le déclarer.) Antonius, un de ses collègues, lui avait écrit au sujet de Novatien, schismatique, pour savoir de lui par quelle hérésie il avait mérité la censure; le saint docteur lui fait cette belle réponse . *Desiderasti ut rescriberem tibi quam hæresim Novatianus introduxisset... Quisquis ille fuerit, multùm de se licet jactans, et sibi plurimùm vindicans, profanus est, alienus est, foris est :* « Pour ce qui regarde Novatien, duquel vous désirez que je vous écrive quelle hérésie il a in- » troduite, sachez premièrement que nous ne devons pas » même être curieux de ce qu'il enseigne, puisqu'il enseigne » hors de l'Eglise : quel qu'il soit, et de quoi qu'il se vante, » il n'est pas chrétien, n'étant pas en l'Eglise de Jésus- » Christ. »

L'orgueil des hérétiques s'élève · Quoi ! je croirai sur la foi d'autrui ! je veux voir, je veux entendre moi-même. Langage superbe : reconnaissez-le, mes chers frères; c'est celui que vous parliez autrefois. L'Eglise l'a dit, n'est-ce pas assez? Mais elle se peut tromper? Enfant, qui déshonores ta mère, en quelle Ecriture as-tu lu que l'Eglise puisse tromper ses enfants? Tu reconnais qu'elle est mère; elle seule peut engendrer les enfants de Dieu : si elle peut les engendrer, qui doute qu'elle puisse les nourrir? Certes, la terre, qui produit les plantes, leur donne aussi leur nourriture : la nature ne fait jamais une mère, qu'elle ne fasse en même temps une nourrice. L'Eglise sera-t-elle seule qui engendrera des enfants, et n'aura point de lait à leur donner? Ce lait des fidèles, c'est la vérité, c'est la parole de vie. Enfants dénaturés, qui sortez des entrailles et rejetez les mamelles, si j'ai des entrailles qui vous ont portés, j'ai des mamelles pour vous allaiter : voyez, voyez le lait qui en coule, la parole de vérité qui en distille; approchez-vous, sucez et vivez, et ne portez pas votre bouche à des sources empoisonnées. Mais il faut connaître quelle est cette Eglise. Ah! qu'il est bien aisé d'exclure la vôtre, dressée de nouveau! ô Eglise bâtie sur le sable! Vous croyez, ô divin Jésus, avoir bâti sur la pierre; c'est sur un sable mouvant; c'est la confession de foi. Donc votre édifice est tombé par terre : il a fallu que Luther et Calvin vinssent le dresser de nouveau. Mes enfants, respectez mes cheveux gris ; voyez cette antiquité vénérable : je ne vieillis pas, parce que je ne meurs jamais; mais je suis ancienne. Pourquoi vous vantez-vous de m'avoir rétablie? Quoi! vous avez fait votre mère? Mais si vous l'avez faite, d'où êtes-vous nés? Et vous dites que je suis tombée? je suis sortie de tant de périls.

Laissons-les errer, mes frères · Dieu n'a perdu pour cela pas un des siens. Ils étaient de la paille, et non du bon grain · le vent a soufflé, et la paille s'en est allée; « ils s'en sont » allés en leur lieu . ils étaient parmi nous, mais ils n'étaient » point des nôtres. » Pour nous, enfants de l'Eglise, et vous que l'on avait exposés dehors comme des avortons, et qui êtes enfin rentrés dans son sein, apprenez à n'être curieux qu'avec l'Eglise, à ne chercher la vérité qu'avec l'Eglise, et retenez cette doctrine. Dieu aurait pu, sans doute, car que peut-on dénier à sa puissance? il aurait pu nous conduire à la vérité par nos connaissances particulières ; mais il a établi une autre conduite . il a voulu que chaque particulier fît discernement de la vérité, non point seul, mais avec tout le

corps et toute la communion catholique, à .aquelle son jugement doit être soumis. Cette excellente police est née de l'ordre de la charité, qui est la vraie loi de l'Eglise . car si quelqu'un cherchait en particulier, et si les sentiments se
divisaient, les cœurs pourraient enfin être partagés. Mais
pour nous unir tous ensemble par le lien d'une charité indis-
soluble, pour nous faire chérir davantage la communion et
la paix, il a établi cette loi. Voulez-vous entendre la vérité?
allez au sein de l'unité, au centre de la charité : c'est l'unité
catholique qui sera la chaste mamelle d'où coulera sur vous
le lait de la doctrine évangélique ; tellement que l'amour de
la vérité est un nœud qui nous lie à l'unité et à la société
fraternelle. Nous sommes membres d'un même corps ; cher-
chons tous ensemble : laissons faire les fonctions à chaque
membre; laissons voir les yeux; laissons parler la bouche.
Il y a des pasteurs à qui le Saint-Esprit même a appris à
dire sur toutes les contestations qui sont nées · « Il a plu au
Saint-Esprit et à nous. » Arrêtons-nous là, chrétiens, et « ne
» soyons pas plus sages qu'il ne faut , mais soyons sages avec
» retenue, » et selon la mesure qui nous est donnée.

TROISIÈME POINT.

Jusqu'ici, mes frères, tout ce que j'ai dit est glorieux à
l'Eglise : j'ai publié sa constance dans les tourments, sa victoire sur les hérésies; tout cela est grand et auguste : mais
que ne puis-je maintenant vous cacher sa honte; je veux
dire les mœurs dépravées de ceux qu'elle porte en son sein?
Mais puisqu'à ma grande douleur, cette corruption est si
visible, et que je suis contraint d'en parler, je commencerai
à la déplorer par les éloquentes paroles d'un saint et illustre
écrivain. C'est Salvien, prêtre de Marseille, qui, dans le
premier livre qu'il a adressé à la sainte Eglise catholique, lui
parle en ces termes   « Je ne sais, dit-il, ô Eglise, de quelle
» sorte il est arrivé que ta propre félicité combattant contre
» toi-même, tu as presque autant amassé de vices que tu as
» conquis de nouveaux peuples . » *Nescio quomodo pugnante*
contra temetipsam tuâ felicitate, quantùm tibi auctum est popu-
lorum, tantùm penè vitiorum. « La prospérité a attiré les per-

» tes; la grandeur est venue, et la discipline s'est relâchée.
» Pendant que le nombre des fidèles s'est augmenté, l'ardeur
» de la foi s'est ralentie; et l'on t'a vue, ô Eglise, affaiblie
» par ta fécondité, diminuée par ton accroissement, et pres-
» que abattue par tes propres forces : » *Quantùm tibi copiæ
accessit, tantùm disciplinæ recessit... Multiplicatis fidei populis,
fides imminuta est;... factaque es, Ecclesia, profectu tuæ
fœcunditatis infirmior, atque accessu relabens, et quasi viribus
minùs valida.* Voilà une plainte bien éloquente; mais, mes
frères, à notre honte, elle n'est que trop véritable. L'Eglise
n'est faite que pour les saints : il est vrai, les enfants de Dieu
y sont appelés de toutes parts; tous ceux qui sont du nombre y sont entrés; « mais plusieurs y sont entrés par-dessus
le nombre » *Multiplicati sunt super numerum.* L'ivraie est
crue avec le bon grain; et la charité s'étant refroidie, le
scandale s'est élevé jusque dans la maison de Dieu. Voilà ce
qui scandalise les faibles; voilà la tentation des infirmes.
Quand vous verrez, mes frères, l'iniquité qui lève la tête au
milieu même du temple de Dieu, Satan vous dira : Est-ce là
l'Eglise? sont-ce là les successeurs des apôtres? et il tâchera
de vous ébranler, imposant à la simplicité de votre foi.

Il faudrait peut-être un plus long discours pour vous for-
tifier contre ces pensées; mais étant pressé par le temps, je
dirai seulement ce petit mot, plein de consolation et de
vérité. Ne croyez pas, mes frères, que l'homme ennemi, qui
va semer la nuit dans le champ, puisse empêcher de croître
le bon grain du père de famille, ni lui ôter sa moisson : il
peut bien la mêler; remarquez ceci; il peut bien semer par-
dessus; mais il ne peut pas ni arracher le froment, ni corrompre la bonne semence. Il y en a qui profanent les sacrements; mais il y en a toujours qu'ils sanctifient . il y a des
terres sèches et pierreuses où la parole tombe inutilement;
mais il y a des champs fertiles où elle fructifie au centuple.
Il y a des gens de bien, il y a des saints : le bras de Jésus-
Christ n'est pas affaibli; l'Eglise n'est pas devenue stérile;
le sang de Jésus-Christ n'est pas inutile; la parole de son
Evangile n'est pas infructueuse à l'égard de tous. Déplorez
donc, quand il vous plaira, la prodigieuse corruption de
mœurs qui se voit même dans l'Eglise; je me joindrai à vous

dans cette plainte : je confesserai, avec saint Bernard,
qu' « une maladie puante infecte quasi tout son corps. »
Non, non, le temple de Dieu n'en est pas exempt : Jésus-
Christ en enrichit qui le déshonorent, Jésus-Christ en élève
qui servent à l'Antechrist . l'iniquité est entrée comme un
torrent; on ne peut plus noter les impies, on ne peut plus
les fuir, on ne peut plus les retrancher, tant ils sont forts,
tant ils sont puissants, tant le nombre en est infini : la
maison de Dieu n'en est pas exempte. Mais au milieu de tous
ces désordres, sachez que « Dieu connaît ceux qui sont à lui. »
Jetez les yeux dans ces séminaires; combien de prêtres très
charitables! dans les cloîtres; combien de saints pénitents!
(dans le monde; combien) de magistrats (recommandables
par leur zèle pour la justice et leur amour pour la vérité)!
combien qui « possèdent comme ne possédant pas, qui usent
» du monde comme n'en usant pas, sachant bien que la figure
» de ce monde passe ; » les uns paraissent, les autres sont
cachés, selon qu'il plaît au Père céleste ou de les sanctifier
par l'obscurité, ou de les produire par le bon exemple.

Mais il y a aussi des méchants; le nombre en est infini :
je ne puis vivre en leur compagnie. Mon frère, où irez-vous?
vous en trouverez par toute la terre; ils sont partout mêlés
avec les bons : ils seront séparés un jour ; mais l'heure n'en
est pas encore arrivée. Que faut-il faire en attendant? Se
séparer de cœur, les reprendre avec liberté, afin qu'ils se cor-
rigent; et s'ils ne le font, les supporter en charité, afin de les
confondre. Mes frères, nous ne savons pas les conseils de Dieu :
il y a des méchants qui s'amenderont; et il les faut attendre
en patience : il y en a qui persévéreront dans leur malice;
et puisque Dieu les supporte, ne devons-nous pas les supporter? Il y en a qui sont destinés pour exercer la vertu des uns,
venger le crime des autres; on les ôtera du milieu, quand
ils auront accompli leur ouvrage : laissez accoucher cette
criminelle, avant que de la faire mourir. Dieu sait le jour
de tous ; il a marqué dans ses décrets éternels le jour de la
conversion des uns, le jour de la damnation des autres ; ne
précipitez pas le discernement. « Aimez vos frères, dit saint
» Jean, et vous ne souffrirez point de scandale : » pourquoi?
parce que, dit saint Augustin, « celui qui aime son frère, il

» souffre tout pour l'unité : » *Qui diligit fratrem, tolerat omnia propter unitatem.*

Aimons donc, mes frères, cette unité sainte; aimons la fraternité chrétienne, et croyons qu'il n'y a aucune raison pour laquelle elle puisse être violée. Que les scandales s'élèvent, que l'impiété (règne) dans l'Eglise, qu'elle paraisse, si vous voulez, jusque sur l'autel; c'est là le triomphe de la charité, d'aimer l'unité catholique, malgré les troubles, malgré les scandales, malgré les dérèglements de la discipline. Gémissons-en devant Dieu; reprenons-les devant les hommes, si notre vocation le permet : mais si nous avons un bon zèle, ne crions pas vainement contre les abus; mettons la main à l'œuvre sérieusement, et commençons chacun par nous-mêmes la réformation de l'Eglise. Mes enfants, nous dit-elle, regardez l'état où je suis; voyez mes plaies, voyez mes ruines. Ne croyez pas que je veuille me plaindre des anciennes persécutions que j'ai souffertes, ni de celle dont je suis menacée à la fin des siècles : je jouis maintenant d'une pleine paix sous la protection de vos princes, qui sont devenus mes enfants, aussi bien que vous; mais c'est cette paix qui m'a désolée : *Ecce, ecce in pace amaritudo mea amarissima.* Il m'était certainement bien amer, lorsque je voyais mes enfants si cruellement massacrés; il me l'a été beaucoup davantage, lorsque les hérétiques se sont élevés, et ont arraché avec eux, en se retirant avec violence, une grande partie de mes entrailles : mais les blessures des uns m'ont honorée, et quoique touchée au dernier point de la retraite des autres, enfin ils sont sortis de mon sein comme des humeurs qui me surchargeaient. Maintenant, « maintenant mon amertume » très amère est dans la paix : » *Ecce in pace amaritudo mea amarissima.* C'est vous, enfants de ma paix, c'est vous, mes enfants et mes domestiques, qui me donnez les blessures les plus sensibles par vos mœurs dépravées : c'est vous qui ternissez ma gloire, qui me portez le venin au cœur, qui couvrez de honte ce front auguste sur lequel il ne devait par être ni tache ni ride. Guérissez-moi (en travaillant à guérir en vous-mêmes ces plaies profondes que tant d'iniquités ont faites à votre conscience et votre honneur, et qui sont devenues les miennes).

Que reste-t-il après cela, sinon qu'elle vous parle des intérêts de ces nouveaux frères que sa charité vous a donnés : elle vous les recommande. Le schisme lui a enlevé tout l'Orient; l'hérésie a gâté tout le Nord : ô France, qui étais autrefois exempte de monstres, elle t'a cruellement partagée. Parmi des ruines si épouvantables, l'Eglise, qui est toujours mère, tâche d'élever un petit asile (1) pour recueillir les restes d'un si grand naufrage ; et ses enfants dénaturés l'abandonnent dans ce besoin : le jeu engloutit tout ; ils jettent dans ce gouffre des sommes immenses : pour cette œuvre de piété si nécessaire, il ne se trouve rien dans la bourse. Les prédicateurs élèvent leur voix avec toute l'autorité que leur donne leur ministère, avec toute la charité que leur inspire la compassion de ces misérables; et ils ne peuvent arracher un demi-écu ; et il faut les aller presser les uns après les autres ; et ils donnent quelque aumône chétive, faible et inutile secours : et encore ils s'estiment heureux d'échapper ; au lieu qu'ils devraient courir d'eux-mêmes pour apporter du moins quelque petit soulagement à une nécessité si pressante. O dureté des cœurs ! ô inhumanité sans exemple ! mes chers frères, Dieu vous en préserve ! Ah ! si vous aimez cette Eglise dont je vous ai dit de si grandes choses, laissez aujourd'hui, en ce lieu où elle rappelle ses enfants dévoyés, quelque charité considérable. Ainsi soit-il.

(1) Les Nouveaux Catholiques, où ce sermon a été prêché.

FIN.

LIMOGES ET ISLE.

Typographies Eugène Ardant et C. Thibaut.

www.ingramcontent.com/pod-product-compliance
Lightning Source LLC
Chambersburg PA
CBHW060558100426
42744CB00008B/1242